Brauchtum und Feste in Österreich

Brauchtum und Feste in Österreich

Fotos Hella und Erik Pflanzer
Text Werner Schneider
Federzeichnungen Maria Rehm
Gestaltung Jochen Pabst

Pinguin-Verlag, Innsbruck

INHALT

VORWORT

Kaum ein anderes Land Europas verfügt über ein so vielfältiges Brauchtum wie Österreich. Unter dem Einfluß verschiedener Völker und Kulturen haben sich hier Sitten und Bräuche entwickelt, die zum Teil bis heute lebendig geblieben sind. Vor allem in den Alpentälern sind noch Relikte aus grauer Vorzeit vorhanden. Heidnische Kulthandlungen und alter Aberglaube konnten hier nie ganz verdrängt werden; vielmehr wurden sie im Zuge der Christianisierung nach und nach in die neue Vorstellungswelt übernommen – integriert. Wohl hat so mancher Brauch eine andere Bedeutung oder ein anderes Gesicht bekommen, aber er hat überlebt. Und der Ursprung schimmert da und dort noch unübersehbar durch den synkretistischen Überbau hindurch.

Bräuche, wie sie in dem Buch gezeigt und beschrieben werden, sind in Österreich entgegen der oft gehörten Behauptung, es handle sich dabei hauptsächlich um Fremdenverkehrswerbung, wohl Sache und Anliegen der Einheimischen, die Werbung bedient sich ihrer nur kräftig. In den meisten Fällen empfindet der Beobachter, daß Veranstalter, Organisatoren und Akteure in oft rührend ernster Weise es als Pflicht ansehen, den Brauch als Kulturgut, als Erbe der Vorfahren zu bewahren und zu erhalten, sie fühlen sich als Glied einer Kette, die von der Vergangenheit in die Zukunft reicht! Denn wie anders wäre es sonst zu verstehen, daß beispielsweise die Sternsinger von Heiligenblut am Vorabend des Dreikönigsfestes auch bei Temperaturen von minus 20 Grad bis spät in die Nacht hinein, Glück wünschend, von Haus zu Haus gehen, die Glöckler von Ebensee in strömendem Regen – während sich ihre Lichtkappen, Kunstwerke, an denen sie monatelang gearbeitet haben, aufzulösen beginnen – um Mitternacht immer noch zu hören sind, die Tresterer von Stuhlfelden nach ihren anstrengenden Tänzen schweißtriefend hinauslaufen in die beißende Kälte und weiterziehen zum nächsten Hof, ohne auf ihre Gesundheit zu achten; oder daß die Faschingsrenner in der Krakau um vier Uhr morgens starten und viele Kilometer zurücklegen, um nur ja keinen Hof auszulassen? Da stehen nämlich keine Feriengäste mit gezückten Fotoapparaten oder beifallspendende Schaulustige. Auch kann man in Matrei in Osttirol drei- und vierjährige Klaubäufe beobachten, die wohl aus Begeisterung am Mitmachen keine Angst vor der Dunkelheit und den wilden Genossen zu kennen scheinen. Und auch in Ebensee laufen vier- oder fünfjährige »Glöckler« mit kleinen Lichtkappen eifrig hinter den »Passen« nach.

Aber selbst dort, wo Gäste ausdrücklich eingeladen werden, wie bei der Tiroler Fasnacht, die mit prächtigen Schaubräuchen gefeiert wird, kann man die jahrelangen Vorbereitungen und Anstrengungen nicht einfach als lohnende Publicity-Gags abtun. Die Leute nehmen Kosten und Strapazen auf sich, opfern ihre Zeit und machen mit, weil es eben »Brauch« ist – und aus Freude am Feiern.

Und waren nicht auch die Kirchweihfeste Treffpunkt von Bekannten und Verwandten aus der näheren und weiteren Umgebung und der Tag, an dem Geschäfte abgeschlossen wurden? Und sind die großen Volksfeste nicht seit jeher in aller Welt Anziehungspunkt für Pilger, Reiselustige und Geschäftsleute gewesen?

Im Wissen um diesen Hintergrund haben wir diesen packenden und in hohem Maße faszinierenden Themenkreis in Bild und Wort einzufangen versucht; und wir haben uns vor allem auch um eine möglichst zeitnahe Dokumentation bemüht. Der Großteil der Aufnahmen wurde in den letzten zwei Jahren gemacht; nur wenige sind, bedingt durch den mehrjährigen Zeitabstand, in dem einige Feste gefeiert werden, drei oder vier Jahre alt.

Auch über die Entstehung der Feste und Bräuche wird berichtet, aber in vielen Fällen scheinen sich die Ursprünge im Dunkeln zu verlieren und bedürfen noch endgültiger Klärung; unter den Wissenschaftlern gibt es oft recht gegensätzliche Meinungen. Licht in dieses Dunkel zu bringen, hat sich dieser Bildband nicht zur Aufgabe gemacht; er soll dem Leser und Betrachter die Feste und lebendigen Bräuche Österreichs in der heute noch existenten Form und Ausdrucksweise näherbringen, etwas von der Faszination vermitteln, die von ihnen ausgeht.

SITTE UND BRAUCH EINE NOTWENDIGE BEGRIFFSERKLÄRUNG

Seit es die Volkskunde als Wissenschaft gibt, ist immer wieder die Frage gestellt worden, was nun eigentlich als »Sitte« und was als »Brauch« zu bezeichnen sei. Es bestand zwar nie ein Zweifel daran, daß es sich bei beiden Begriffen um Äußerungen einer Gemeinschaft handle, die Rückschlüsse auf ein Volk insgesamt zuließen. Aber ob »Sitte« und »Brauch« als Synonyma zu gelten hätten, die in einem Atemzug genannt und als Begriffspaar betrachtet werden dürften, wie dies im allgemeinen geschieht, bewegte die Vertreter des noch jungen Wissenszweiges lange Zeit hindurch.

Kurz vor dem Ersten Weltkrieg schlug Paul Sartori, der sich als einer der ersten mit dem Definitionsproblem beschäftigt hatte, vor, »Gewohnheit, Sitte, Brauch oder Mode« gleichzusetzen, wobei aber zu berücksichtigen sei, daß die Sitte für den Einzelmenschen eher bindenden Charakter habe als der Brauch. Auch der deutsche Volkskundler Adolf Spamer sah in den Begriffen »Sitte« und »Brauch« noch Synonyma, doch ordnete er beide dem Oberbegriff »Brauchtum« zu. Sitte und Brauch, so meinte Spamer, regelten das Leben jedes Menschen von der Wiege bis zum Tod.

Im Jahre 1936 machte der Schweizer Volkskundler Paul Geiger auf einen wichtigen Unterschied aufmerksam: Brauchtum könne nur gebieten, während Sitte auch verbiete. Der Sitte werde im Schweizer Volksmund mehr Gewicht beigemessen als dem Brauch; sie verpflichte demnach stärker. Für die gegenwartsorientierte Volkskunde ist der Mensch nicht nur ein Individuum, sondern vor allem Teil einer Gemeinschaft. Sitte wird zur Ausdrucksform des gemeinschaftlichen Elements: z. B. Eß-, Gruß- oder Totensitten. Das kultische Element hingegen kommt im Brauch zum Ausdruck. Der bayerische Volkskundler Rudolf Kriss beispielsweise, vermerkte, daß Brauchtum durch kultische Handlungen zustande gekommen sei. Hans Trümpy rückt ebenfalls die kultische Verhaltensweise einer Gemeinschaft – also ihre Einstellung Gott und allem Überirdischen gegenüber – in den Vordergrund. Und tatsächlich hat ja das Christentum heidnische Feste und Bräuche in den eigenen entstehenden Kult und in das sich formierende Glaubensgut integriert. So wurde z. B. das Weihnachtsfest auf den Zeitpunkt der Mittwinterfeste der Antike festgelegt. Sogar die alten Totendämonen durften in Gestalt des Harlekins »weiterleben«, wie sich heidnische Kultelemente auch im Fasnachtsbrauchtum bis zum heutigen Tag erhalten haben. Bräuche, ursprünglich kultischen Inhalts, vermochten also ins Profane überzuwechseln – sie wurden Teil gemeinschaftlicher Handlungen und trugen auf diese Weise zum Funktionieren der Gesellschaft bei – sie sind zur Sitte geworden.

Die Sitte verkörpert demnach das Reglement – eine ordnende Macht in der Gemeinschaft. Ein Gruß, ein Händedruck oder eine Umarmung (u. a. bei Menschen des romanischen Kulturkreises) wird zum Ausdrucksmittel der Verbundenheit. Brautwerbung und Hochzeit, um ein anderes Beispiel zu nennen, haben ihre feste Organisation. In der Kirche war bis vor kurzem für strikte Geschlechtertrennung gesorgt. Als Sitte kann auch der sogenannte »Realschutz« gelten: die

Nachbarschaftshilfe bei Unglücksfällen, bei Krankheit oder Not. Aus solchen Gepflogenheiten und Ritualen sind im Laufe der Jahrhunderte die sogenannten Anstandsbücher entstanden.

Die Sitte »unterscheidet« Einheimisches und Fremdes. Und sie stand bei der Entwicklung von Rechtsnormen Pate. Schon sehr früh wurden bestimmte Delikte mit bestimmten Strafen geahndet, wie das übrigens ansatzweise sogar bei höherentwickelten Tieren zu beobachten ist. Auch sie haben bestimmte Sitten- und Anstandsregeln in der Gemeinschaft zu beachten; andernfalls werden sie bestraft oder vom Clan ausgestoßen.

Stark vereinfachend kann man also sagen: Zuerst regelt die Sitte das Zusammenleben der Menschen, und dann wird sie durch ständige Übung zum Recht. Ein sehr schönes Beispiel dafür findet sich im bajuwarischen Siedlungsraum. Nach alter Sitte war es dort üblich, daß stets der Älteste, also der erste männliche Nachfolger, den Hof übernahm. Diese Einrichtung wurde mit der Zeit zum »Anerbenrecht«. Und so ähnlich funktioniert die Rechtswerdung auch heute noch. In England war es üblich, links zu fahren; daraus wurden feste Verkehrsregeln und ein entsprechendes Verkehrsrecht.

Gleichzeitig läßt sich, wie bereits angedeutet, auch beim Brauch – jenem aus dem Kultischen, Religiösen, stammenden Handeln – eine »Abwärtsentwicklung« feststellen: Im Zuge der Profanisierung wird aus dem Brauch Sitte. Denken wir nur an das »Tempelhüpfen«, das früher ein ritueller Vorgang war und heute ein beliebtes Kinderspiel ist. Kultische Bedeutung hatte ursprünglich auch das Maskentragen zu bestimmten Festen und Anlässen. Es war den Männern vorbehalten und erst allmählich haben sich, als der geistige Hintergrund verlorenging, Frauen und Kinder das Recht herausgenommen, ebenfalls in Masken zu gehen. Von Verboten war da bald nicht mehr die Rede, vielmehr entstand daraus das bis zum heutigen Tag vorhandene Faschingstreiben. Allein der Fasnachtsbrauch seriöser Prägung beachtet noch streng die tradierten Normen.

Sitte und Brauch sprechen unsere fünf Sinne an und sind – auch heute noch – ein notwendiges Verständigungsmittel in der Gemeinschaft. Überlieferte Ausdrucksformen sind ein wichtiges Mittel der Erziehung zur Gemeinschaft und Tradition. Besonders Richard Weiß hat betont, das Brauchtum stelle eine Übung oder Handlungsweise dar, die eine Gemeinschaft als richtig oder verpflichtend erachte. Besonders in der Schweiz wiegt demzufolge Unsitte schwerer als Mißbrauch.

Das älteste Ausdrucksmittel ist bekanntlich die Gestik. Der Mensch verfügt über eine überaus vielfältige Palette von Möglichkeiten, sein Denken und Fühlen, seine Absichten und Wünsche optisch kundzutun. Will er verstanden werden, so muß er sich allerdings der von seiner Gruppe »zugelassenen« Gepflogenheiten bedienen. Verwendet er andere Zeichen, läuft er Gefahr, mißverstanden zu werden oder gar nachhaltigen Schaden auf sich zu ziehen. Er hat also eine Auswahl zu treffen: unbewußt, wobei ihm angeborene Instinkte helfen, oder bewußt, wobei der Mensch zum Künstler werden kann.

Das Gut der gesicherten Ausdrucksmittel, welche einer Gemeinschaft zur Verständigung dienen, reicht vom schlichten Händedruck über die tradierten Ausdrucksmittel eines Volkes im Siedeln, Bauen und Kleiden bis zum religiösen Bekenntnis. Durch häufige Benützung in immer wiederkehrenden Formen sind Sitten somit vertraute Handlungs- und Verhaltensweisen, aber zugleich auch Vorschriften: z. B. Grußsitten, Kleidungssitten, Tischsitten, Anstandsregeln. Die Erhaltung und Weiterentwicklung solcher Ausdrucksmittel und Vorschriften in Hausbau, Tracht, Gruß und Spiel, aber auch der Formen des religiös verwurzelten Brauchtums, stellen für das Volk ein Schutzmittel zur Bewahrung eigenen Volkstums dar – durchaus im Sinne einer Evolution. In den Bräuchen spiegelt sich nämlich die spezifische Eigenart eines Volkes: Sie sind letzten Endes Ausdruck einer durch geographische, historische, ethnische und soziale Gegebenheiten vorbestimmten Kontextsituation, einer für jedes Volk typischen Disposition zur eigenen, charakteristischen Äußerung.

Dabei unterscheiden wir in der gewachsenen Gemeinschaft des Volkes verschiedene Größen: die Gemeinschaft eines Tales, einer Stadt oder eines Landes, und sprechen im umfassendsten Sinn von einer Nation. Jede dieser Einheiten hat ihre eigenen brauchtümlichen Einrichtungen entwickelt, die der Volkskundler zu registrieren und zu beschreiben hat. Die Volkskunde weist – als Wissenschaft vom Volk – darauf hin, daß die Gemeinschaft mit Sitte und Brauch ein Bekenntnis zu sich selbst ablegt, daß es sich hier um ein ideelles Gut handelt, das in erster Linie der Identifizierung, aber auch dem Schutz der Gemeinschaft dient und darüber hinaus in nicht unbedeutendem Maße zur Verständigung mit anderen Völkern beiträgt.

Damit erhalten die überkommenen Inhalte unserer Bräuche und Feste, wie wir sie nachstehend in Wort und Bild dokumentiert sehen werden, eine ganz bestimmte Aussagekraft.

DER BRAUCH IM KREISLAUF DES JAHRES

Bezeichnen wir mit Sitte das Verhalten der Menschen untereinander und die daraus entspringende Ordnung innerhalb einer volkstümlichen Gemeinschaft und definieren wir Brauch als das Verhalten einer Gruppe Gott oder übermenschlichen Wesen und Mächten gegenüber, so ergibt sich daraus fast zwangsläufig, daß das Brauchtum von jeher dem Zyklus des Jahres folgte. Freundliche und bedrohliche Mächte nahmen in der Vorstellung der Menschen aus grauer Vorzeit Einfluß auf das irdische Geschehen, auf Wachstum und Fruchtbarkeit, auf Haus und Hof, ja sogar auf das persönliche Wohlergehen der Menschen. Es war nicht einfach, sich die Veränderungen in der Natur zu erklären, und es war unerläßlich, die Zeichen richtig zu deuten und so zu handeln, daß man nicht den Zorn höherer Wesen auf sich zog.
Auch nach der Christianisierung verschwanden die guten und bösen Geister keineswegs, sie nahmen nur andere Gestalt an. Engel und Teufel beherrschten weiterhin die – tief in der Begriffswelt des Mittleren Ostens wurzelnde – dualistische Ordnung. Fortan galt es, den Himmel und die Heiligen um ihren Beistand bei der Abwehr dunkler Kräfte anzuflehen. Nur so war es möglich, daß christliche Vorstellungen der germanischen Mythologie und heidnischen Vorstellungen einfach übergestülpt wurden.
Besonders unheimlich war den Menschen der nördlichen Hemisphäre der Winter. Eis, Kälte und Schnee bedeuteten tödliche Bedrohung. Die Tage wurden immer kürzer; die Sonne erreichte ihren niedrigsten Stand; die bösen Mächte schienen die Oberhand zu gewinnen. Um die Sonne »anzufeuern« und zur Kehrtwendung zu bewegen, wurden seit urdenklichen Zeiten Feuer abgebrannt. In Parallele dazu zünden wir heutzutage Weihnachtskerzen, -feuer und -lichter an. Auch die Bräuche des Glöcklers oder Lichteraufstutzers erinnern noch heute daran, welche Bedeutung dem Licht und dem Feuer zukam: Beide reinigen, indem sie erhellen; beide nähren auf diese Weise gleichsam das Licht der Sonne.
Feiern zur Sonnenwende sind in dieser oder jener Form in allen Kulturen der Alten Welt nachzuweisen. Für die Germanen war das Julfest zur Mittwinterzeit der Höhepunkt des Jahres. Das Wort Jul – angelsächsisch »hweol« – bedeutet Rad, das Symbol für die Sonne. Nach einem druidischen Ritus verbrannte man während der Feiern einen besonders sorgsam ausgewählten Holzblock, den »Julblock«.
In den Nächten vor und nach der Sonnenwende gingen die Geister um. Es war die Zeit des Zaubers. Und es hing viel davon ab, ob man die bösen vertreiben und sich die guten gewogen machen konnte. Durch Erzeugung von Lärm – mit Kuhglocken, Rasseln und mit trommelähnlichem Gerät – versuchten die Alten, alles Schlechte zu bannen. Das Neujahrsschießen ist ein Überbleibsel davon. Auch Räuchern hatte angeblich eine ähnliche Wirkung. Die Rauhnächte stellen eine ferne Erinnerung an die Feuerstöße dar, von denen segensreicher Rauch ausgegangen war.
In der Mittwinterzeit machten sich jedoch auch die Toten bemerkbar. In der eigens dazu vorgewärmten Stube wurden Speisen für sie hingestellt. Im slawischen Osten wurden und werden teilweise heute noch Gebäck und Früchte auf die Gräber der Verstorbenen gelegt. Eine spätere Variante ist das Gabenaussetzen.
Das Jahresende gemahnte die Menschen an die jenseitige Welt und an die eigene Vergänglichkeit, der man sich ja tatsächlich mit jedem Tag nähert. In der kalten Jahreszeit rückten die Menschen enger zusammen. Gemeinsam versuchten sie die Zukunft zu ergründen. Noch heute werden zum Jahreswechsel nicht nur Glückwünsche ausgetauscht, sondern auch Glückskarten aufgeschlagen, Orakel probiert. Eine uralte Form der Zukunftsbefragung stellt an Silvester das allerorts beliebte Blei- oder Wachsgießen dar.
Mit den Römern gelangten die aus dem Orient stammenden Kulte des Sol invictus und des Mithras in unsere Breiten. Beide gingen wie auch das germanische Julfest im christlichen Weihnachten auf. Es war Papst Liberius, der im Jahre 354 den Geburtstag Jesu Christi auf den 25. Dezember verlegte, den Kulttag des »Sonnenglaubens«, an dem der unsterblichen Sonne gehuldigt wurde. Das Hochfest der Christenheit hatte

man bis dahin am 6. Jänner, dem Fest der Epiphanie, gefeiert.
Wie wir sehen werden, wurden in das christliche Weihnachtsbrauchtum auch noch andere vorchristliche und heidnische Elemente übernommen. Die heidnische wilde Jagd ist in den Osttiroler Krampusjagden tradiert; der Maien- und Tannenbaum wurde verchristlicht zum Christbaum (Weihnachtsbaum); das Lärmen wurde auf das Neujahrsdatum verlegt; aus den vormaligen Orakelsprüchen wurden Glückwünsche; und die alten Opfergaben wurden zum Geschenkaustausch zwischen Verwandten und Freunden.
Den Mittwinterbräuchen folgten im Ablauf des Jahres die Frühlings- oder Fruchtbarkeitsbräuche. In der Fasnacht wird der alle Jahre wiederkehrende Kampf zwischen den wilden und bösen Geistern der kalten Jahreszeit und dem im Licht der Sonne triumphierend auftretenden Jüngling, Symbol der Fruchtbarkeit und der ungebrochenen Kraft des Frühlings, dargestellt.
Durch »Springen« wird nach alter volkstümlicher Überzeugung das Pflanzenwachstum gefördert: »Je höher ich springe, desto höher wächst der Flachs.«
Mittels übermenschlicher Kräfte wollten Menschen zu allen Zeiten die Natur beherrschen. Selbst heute, in unserer so aufgeklärten und nüchternen Zeit, ist der Glaube an die Magie und die von ihr ausgehenden Kräfte noch nicht tot. Die Übertragungsmagie spielt im heimischen Brauchtum immer noch eine Rolle: Bei zahlreichen Festen und Bräuchen wird eine Menge Lärm gemacht. Er fungiert einerseits als Abwehrmittel: Seit altersher wurden wilde Tiere und Bösewichte durch Lärm verscheucht. Andererseits war das Stampfen und Trampeln im wiegenden Schritt ebenfalls zur Wachstumsförderung gedacht. Im einen wie im anderen Fall handelt es sich um einen Analogieschluß, welcher die Menschen glauben ließ, daß selbst Wind- und Wetterdämonen solcherart beeinflußbar seien. Das Aperschnalzen im Alt-Innsbrucker Stadtteil Hötting, welches gleich nach dem Weihnachtsfest stattfindet, soll die Kälte verscheuchen; das Grasausläuten im Unterinntal soll dem Winter den Garaus machen und das Gras zu neuem Wachstum veranlassen. Peitschenknallen, Böllerschießen, Trommelwirbel und in neuerer Zeit das Abschießen einer Salve verfügen über ihre je eigene Aussagekraft.
Übertragungsmagie ist auch das Schmücken der Gebäude mit Tannenzweigen oder Reisig; wenn auf dem Dach ein Firstbaum aufgestellt wird, so übernimmt dieser die Funktion eines Glücksbringers, wie das auch für den erwähnten Reiserschmuck an den Häusern gilt. Nach alter Sitte soll dadurch der Segen über das ganze Haus und die darin Lebenden walten und ausstrahlen. Wir schmücken unseren Christbaum, den Weihnachtsbaum, mit Obst und Nüssen – alten Fruchtbarkeitssymbolen.
Im Beschenktwerden oder gegenseitigen Sichbeschenken erkennen wir Mittel des »Mehrens« von Reichtum und Gesundheit. Nach altem Volksglauben hebt man die Kraft eines Kranken, indem man ihm bei einem Besuch Nahrungsmittel überreicht. Blumen sollen das Leben verschönen. Werden bei bestimmten Anlässen Münzen verteilt, so kommt darin der Wunsch zum Ausdruck, daß Vermögen und Reichtum des anderen größer werden sollen.
Eine weitere interessante Variante des Ähnlichkeits- und Übertragungszaubers findet sich in einer Reihe von Heischebräuchen. Es handelt sich dabei um eine von der Gesellschaft anerkannte und akzeptierte Form des Bettelns und Stehlens, die allerdings nur in diesem Rahmen und unter ganz bestimmten Kriterien erlaubt ist. In Vorarlberg gehört das Heischen z. B. zur Vorbereitung des Feuerabbrennens, wobei manchmal sogar Tannen gestohlen wurden. In den Klöppelnächten in Südtirol, aber auch im Zillertal ziehen Kinder »heischend« von Haus zu Haus und sammeln Gaben (Gebäck oder Früchte). Bettler oder auch Kranke heischen »Leutegeld« und meinen auf diese Weise ihre Kraft zu mehren. Die Vorstellung der Kraftübertragung spiegelt sich also in zahlreichen Szenen brauchtümlicher Handlungen.
So kommt sicherlich auch der Verkleidung im Kult und im Brauch eine ganz bedeutende Rolle zu. Die Darsteller übernehmen mit dem Kleid zugleich auch die Kraft und die Macht dessen oder der Gestalt, welche sie mimen. »Ich bin derjenige, dessen Kleid ich trage – ich bin der, den ich mime!« Nach dieser Überzeugung leben die Vegetationsgeister in den heutigen Brauchtumsgestalten noch fort. Masken aus Stroh, Pelzen oder Baumhaar verkörpern einen Fruchtbarkeits- oder einen Vegetationsdämon. Es handelt sich um eine Art Machtübernahme, denn die Maske, die einer trägt, verleiht ihm zugleich auch die ganze Macht des Gemimten. Somit geht die Kraft und Stärke von Tieren durch das Tragen deren Masken auf den Träger derselben über. Die Spiegel unserer Spiegeltuxer, einer großartigen Gestalt in der Tiroler Fasnacht, fangen das Licht ein – gleichsam als Symbol der Sonne! Auch der typische und unverwechselbare Kopfputz bei unseren Masken – etwa Pfauen- oder Spielhahnfedern – gilt als ein Stärkesymbol. Je höher die Maske, desto größer ist die Macht des Trägers, desto bedeutender erscheint er. In diesem Zusammenhang kann durchaus auch auf die Tiara des Papstes

oder auf die Bischofsmütze hingewiesen werden. Kam einst die kultische Sphäre im Tanz und Spiel zum Ausdruck, so trat mit der christlichen Religion eine Wende ein. Der Tanz wurde aus dem Kult entfernt, da er manchmal sexuelle oder obszöne Symbolik zeigte, die Erregung und Sinnlichkeit hervorrufen sollte (wie bei den Nackttänzern vorchristlicher Kulturen). Sogar bei den Römern war der »Saltator« ein verachteter Tänzer. Dennoch spielten Fruchtbarkeitstänze, bei welchen sich Paare paarten, bis herauf in unser heimisches Brauchtum eine Rolle. Auch in unseren alpenländischen Bräuchen sollten solche Tänze den Fruchtbarkeitssegen für das ganze Jahr sichern, so z. B. als Vegetationstänze im Bozner Bindertanz (bei welchem ein beinahe nacktes Paar Tänze sexuellen Charakters ausführte) oder der Sechsetanz in Zürich. Die Haupttanzzeit war die Fasnacht, eben jene Zeit, in der die Sonne wieder stärker wurde und dem Frühling neue Kraft und vor allem Fruchtbarkeit verlieh. All diese Tänze waren stets Gruppentänze, die in der Gemeinschaft und für die Gemeinschaft stattfanden. Der Paartanz ist erst im 18. Jahrhundert aufgekommen. Der Eintanz hingegen war fast immer mit Ekstase verbunden, die wiederum bei kultischen Handlungen oft als »Steigerungsmittel« eingesetzt wurde.

Im Festzyklus des Jahres wurde zu einem bestimmten und genau festgesetzten Zeitpunkt der Freude über die Wiederkehr der Lebensspenderin mit großen Feierlichkeiten Ausdruck verliehen. Zahlreiche dieser altüberkommenen Bräuche und Feste werden selbst heute noch in österreichischen Gemeinden und Städten abgehalten. Nur weiß man über die eigentliche Aussagekraft nicht mehr so ganz genau Bescheid. Und ein objektiver Beobachter wird sich vermutlich fragen, ob denn unser volkstümliches Traditionsgut nicht einen historischen Evolutionsprozeß mitgemacht hat?

Tatsächlich sind in einer Vielzahl heimischer Bräuche die alten Formen nach außen hin ungetrübt erhalten, während die Inhalte der betreffenden Bräuche nicht mehr dieselben sind. Wir haben es in der Gegenwart mit einer anderen, im Zeitablauf weiterentwickelten Aussage unseres Volkstums zu tun, welche uns wohlweislich hinter der Fassade der alten, traditionellen Form entgegentritt.

JAHRESBEGINN UND FASNACHT

Die Heiligen Drei Könige (Sternsinger). Die letzte und zugleich gefährlichste aller Rauhnächte, der 6. Jänner, hatte im Kult schon seit altersher eine besondere Bedeutung. In christlicher Zeit wurde dieser Tag zum Fest der Epiphanie, der »Erscheinung des Herrn«. Seit der Geburtstag Jesu am 24. Dezember gefeiert wird, gedenkt man am 6. Jänner der Weisen aus dem Morgenland.

Am Dreikönigstag, aber auch schon Tage vorher, ziehen in katholischen Gegenden die »Heiligen Drei Könige« vom frühen Nachmittag bis in die Abendstunden von Haus zu Haus, um allen Menschen die frohe Kunde von der Geburt Christi zu bringen; mancherorts sind die Heiligen Drei Könige sogar zu Pferd unterwegs. Junge Burschen in orientalischer Kleidung – die Könige Kaspar, Melchior und Balthasar sind an ihren Kronen zu erkennen – singen unter Führung eines Sternträgers: »Es ziehen aus weiter Ferne drei Könige einher ...« und andere fromme Lieder. Weihrauchschwingend erbitten die Sternsinger dann den Segen Gottes für Haus und Hof und bannen die bösen Geister, indem sie mit Kreide drei Kreuze, die Initialen C, M und B samt der Jahreszahl auf die Türen malen, wofür sie stets belohnt werden.

Selbst heute machen sich in ganz Österreich mehr als 40 000 Jugendliche auf den Weg, um für wohltätige Zwecke Geld zu sammeln. Der alte Heischebrauch des Sternsingens hat insofern einen neuen Sinn erhalten, als der durch das Sternsingen erzielte Erlös seit einigen Jahren für Projekte der Weltkirche verwendet und so karitativen Zwecken zugeführt wird. Diese moderne Entwicklung macht deutlich, daß Brauchtum nichts Statisches, Unwandelbares ist, sondern gar wohl mit der Zeit geht und sich dem jeweiligen Umweltskontext anpaßt. Im Falle der Sternsinger treten die drei Glücksbringer und ihr Gefolge für eine gute Sache auf, und der Idealismus von abertausenden Buben und Mädchen wird allenthalben auch entsprechend belohnt.

Sternsinger in Heiligenblut. Anders als im übrigen Österreich ist das Sternsingen im Kärntner Bergdorf Heiligenblut nicht Angelegenheit der katholischen Jugend; hier machen sich vielmehr Erwachsene auf den Weg, und nicht etwa in morgenländischen Gewändern, sondern in ihren üblichen, einfachen Winterkleidern. Nach einem Besuch der Messe in der berühmten Wallfahrtskirche ziehen sie in mehreren Gruppen, Rotten genannt, gemeinsam mit der Musikkapelle von einem Haus zum anderen, um ja allen Dorfbewohnern und Mitgliedern ihrer Bergbauerngemeinschaft nach althergebrachter Weise am Vorabend des Dreikönigsfestes Glück- und Segenswünsche zu entbieten. Als »Lichtbringer« haben die Sternsinger von Heiligenblut einen kunstvoll angefer-

tigten, drehbaren und von innen erleuchteten Stern bei sich, getragen vom sogenannten »Sterndreher«, der die Gruppe anführt.
Im tiefen Schnee, bei Wind und Kälte ist diese Mission des Lichtbringens bis hoch hinauf in die letzten Einzelhöfe kein angenehmer Spaziergang. Es gehört schon eine Menge Idealismus und Ausdauer dazu, um vom Einbruch der Dunkelheit bis zum Morgengrauen des 6. Jänner Freunden, Verwandten und Bekannten mit Neujahrswünschen aufzuwarten. Selbstverständlich werden die singenden Lichtbringer in jedem Haus gastfreundlich aufgenommen und bewirtet, aber die Strapazen sind dennoch nicht zu unterschätzen. Früher gingen die Sternsinger anschließend noch einmal gemeinsam zur Frühmesse.
Erhalten hat sich diese altüberlieferte Form des Lichtbringens zum Dreikönigsfest, die einst in ganz Kärnten verbreitet war, nur in der »Reliktlandschaft« dieser Großglocknergemeinde. Es ist geradezu ergreifend zu beobachten, mit welcher Ehrfurcht, mit welchem Respekt vor den tradierten Vätersitten das Sternsingen heute noch durchgeführt wird.

Die Glöckler von Ebensee. Auch hier handelt es sich um einen Rauhnachtsbrauch: Am 5. Jänner, gleich nach dem Betläuten, begeben sich aus allen Ortsteilen von Ebensee die »Passen« – das sind Gruppen von neun oder elf, maximal bis zu neunzehn Glöcklern – zum Salinenplatz.
Die Männer sind mit weißen Hemden, weißen Hosen und einem Gürtel bekleidet, an welchem Kuhglocken baumeln. Auf dem Kopf tragen sie gigantische, von innen beleuchtete Lichtkappen. Diese »Glöcklerkappen« bestehen aus einem Gerüst von dünnen Stäbchen, welche mit lichtdurchlässigem Papier überzogen sind, auf das Ornamente, Symbole, Figuren, Szenen oder Landschaften geklebt wurden. Diese oft sternförmigen Gebilde – manchmal handelt es sich aber auch um die Nachbildung von Häusern, eines Schiffes oder eines Wappens – können bis zu 15 Kilogramm wiegen.
Von einer festgesetzten Zeit an, z. B. ab 18 Uhr, laufen die insgesamt neunzehn oder zwanzig »Passen« mit ihren aufsehenerregenden »Glöcklerkappen« durch den ganzen Ort, bis in die Randbezirke; und oft sind sie noch um Mitternacht zu hören. Vor den Häusern werden zu Ehren der Bewohner Kreise gezogen, vor dem Rathaus zu Ehren des Bürgermeisters wird ein Achterreigen gelaufen. Dieses Beschreiben von Kreisen, Schleifen oder Achtern stellt eine alte kultische Tradition dar.
Es ist bezeugt, daß das Glöcklerlaufen von Ebensee im 16. Jahrhundert von den damaligen Bewohnern, in erster Linie Salinenarbeitern und Holzknechten, eingeführt wurde und böse Geister und Unheil vertreiben sollte. Jahr für Jahr, bis in unsere Tage, wurde dieser Glöcklerlauf durchgeführt, obwohl er als heidnischer Brauch von der Kirche lange Zeit verboten war. Mit Rücksicht auf priesterliche Proteste wurde früher nur mit einfachen kleinen Kappen gelaufen; heute sind es prächtige Kunstwerke, und die schönsten Kappen werden prämiert.
Während der Brauch früher nur in Ebensee gepflegt wurde, gibt es heute in den verschiedensten Orten des Salzkammergutes ähnliche, aber nicht ganz so eindrucksvolle Glöcklerläufe.

Tanz der Pinzgauer Tresterer. In Stuhlfelden im Salzburger Pinzgau sind am Nachmittag des 6. Jänner Schönperchten unterwegs, die Tresterer, die ihren Namen einem rhythmischen Stampftanz (das Wort trestern bedeutet stampfen) verdanken. Sie tragen einen Spenzer und eine enge Kniebundhose aus rotem Brokat, einen »Ranzen« – das ist ein breiter, bestickter Trachten-Ledergürtel –, weiße Kniestrümpfe mit gekreuzten Bändern, rot-schwarze Schuhe und auf dem Kopf das »Gstanzl«, einen rundum mit Flitterwerk, langen Bändern sowie etwa 60 weißen Hahnenfedern – denen einst Zauberkraft nachgesagt wurde und die Glückssymbolcharakter hatten – geschmückten Strohhut.

So schnell, daß man ihnen nur schwer folgen kann, laufen sie von Hof zu Hof. Nachdem der Vorläufer (im Kostüm eines Hanswursts) Platz geschaffen hat und die »Schiachen«, von denen die Tresterer begleitet werden, das Haus verlassen haben, kann der Tanz beginnen, den Otto Swoboda so treffend beschreibt: »Lautlos im Kreise laufend beginnen sie ihren seltsamen, trippelnden Stampftanz, den sogenannten 'Trittschlag'; bald setzt die Musik ein, und zum Klang zweier Klarinetten werden 'Verschln' getanzt, schnelle Stoß-, Stampf- und Schleichschritte, bei denen sich die Tresterer blitzartig umdrehen, niederknien, um ebenso schnell wieder aufzuspringen und weiterzutanzen. Ihren Tanz beenden sie ebenso abrupt, wie sie ihn begonnen haben. Etwas Übermenschliches und Geheimnisvolles strahlt dieser Tanz aus.« Wahrscheinlich liegt diesem eigenartig anmutenden Tanz, der zu den ältesten Europas zählt, ein alter Drescherbrauch zugrunde. Getanzt wird er übrigens nur auf Holzböden.

Auch in Unken bei Lofer ziehen am 6. Jänner Tresterer aus, aber sie unterscheiden sich sowohl im Tanzrhythmus als auch in ihrer Kleidung, die von Kopf bis Fuß der dortigen Tracht ähnelt, von den Stuhlfeldenern. Gleich sind lediglich die langen Bänder, die von den geschmückten Hüten flattern.

Die Pongauer Spiegel-, Tafel- oder Kappenperchten. Im Salzburger Land, besonders in mehreren Orten des Pongaus, ist der Brauch des Perchtenlaufens erhalten geblieben, obwohl er wie alle heidnischen Bräuche jahrhundertelang von der Kirche bekämpft wurde.

Während es aber noch im vorigen Jahrhundert oft rivalisierende kleine Gruppen waren, die bis Mitternacht lärmend von Hof zu Hof zogen, wobei es nicht selten zu Exzessen kam, werden heute die berühmten Perchtenläufe, wie sie jährlich abwechselnd in St. Johann im Pongau, in Bischofshofen und Altenmarkt am 6. Jänner stattfinden, mit einem Festzug verbunden, in dem bis zu 200 Teilnehmer mitgehen.

Die Badgasteiner »Kappenperchten«, wie sie dort heißen, laufen an zwei Tagen jeweils sieben bis acht Stunden lang durch das Tal; am ersten bis zum Dorfrand von Böckstein und am zweiten Tag dann bis nach Hofgastein.

Was früher wirklich ein Laufen war, ist, seit im vorigen Jahrhundert die Kappen immer größer und schwerer wurden, zu einem gemessenen Schreiten und Drehen geworden.

Höhepunkt dieser Perchtenläufe sind die Reverenzen der Schönen zum Segen der Bewohner eines Hauses oder zu Ehren bestimmter Bürger und Honoratioren: Mit Musikbegleitung tanzen sie einen langsamen Walzer und verneigen sich anschließend. Dabei werden sie von der »G'sellin« unterstützt, einem Burschen in Pongauer Frauentracht. (Nur männlichen Personen war seit jeher das Mitwirken bei der Fasnacht gestattet, so daß »Weibspersonen« auch heute noch von verkleideten Burschen dargestellt werden.) Diese Hilfestellung ist unerläßlich, denn es wäre für die Percht unmöglich, sich mit ihrer etwa 40 Kilogramm schweren, mit Spiegeln und reichem Schmuck bestückten Tafel bis in die Waagrechte zu verneigen.

Bei den Pongauer Perchtenläufen wird besonders die Personifizierung der sagenhaften Frau Percht, einer Art Fee in doppelter Gestalt, deutlich: Als »Schöne« lockt sie das Gute an, als »Schiache« (häßliche) symbolisiert sie das Böse. Immer werden die »Schönen« von den Schiachperchten in Teufelsmasken lautstark begleitet.

Unter den zahlreichen weiteren Masken und Gruppen der großen Festzüge fallen noch die traditionellen Turmperchten und die Jagd- und Wildperchten auf; die Gruppe mit dem Bären als Symbol des Frühlings, der Rößlreiter – er könnte bedeuten, daß die Perchtenzüge ehemals, wie es die Sage berichtet, von einem Reiter angeführt wurden –; der Rauchfangkehrer, der den Schnee vom Dach glückbringend auf die Zuschauer kehrt; sowie die »Baumwirchner«, die entlang der Dachrinnen die Häuser bis zu den höchsten Höhen ersteigen – nach der Sage kamen die Perchten nicht durch die Haustür, sondern über den Balkon durch das Fenster ins Haus. Sie alle zeigen noch deren ursprüngliche Bedeutung. Im Volksglauben gilt auch heute noch: Viele Perchten bedeuten ein gutes Jahr.

Rauriser Schnabelperchten. Am Nachmittag und Abend des 5. Jänner gehen im Rauriser Tal in Salzburg die Schnabelperchten um, so benannt nach einem etwa 60 Zentimeter langen Schnabel, aus dem in regelmäßigen Zeitabständen ein leises »Quaken« tönt. Zur Kleidung dieser aus der Vogelwelt abgeleiteten Gestalt gehören ferner ein alter Kittel, ein Kopftuch, ein Buckelkorb auf dem Rücken, eine Holzschere und ein Besen: Ihre Hauptaufgabe ist es nämlich, nicht nur Unheil von Haus und Hof abzuhalten, sondern darüber hinaus auch noch für Sauberkeit im

Haus zu sorgen. Die Schnabelperchten klopfen an Fenster und Türen und bitten um Einlaß: Sie möchten Nachschau halten, ob in jedem der von ihnen »visitierten« Haushalte auch alles in Ordnung ist, in puncto Sauberkeit ebenso wie im Wohlverhalten des ganzen Hausstandes. Wenn Frau Percht in einem Haushalt auf mangelnde Ordnung oder Unsauberkeit stößt, droht sie, der Hausfrau den Bauch aufzuschlitzen. Denn was ihr Besen zusammenzukehren vermag, wird in einem symbolischen Akt in »aufgeschlitzte« Bäuche gestopft. Man beschenkt Frau Percht, um sie davon abzulenken, allzu genau in alle Ecken zu schauen!

Was hat es nun mit dem Wort »Percht« auf sich? Das Althochdeutsche peraht (glänzend, leuchtend) hatte ursprünglich dieselbe Bedeutung wie griechisch epiphanias; so steht also im deutschsprachigen Raum Perchtentag für das Dreikönigsfest. Es ist anzunehmen, daß diese Bezeichnung für den Tag und für die Trägerpersönlichkeit des Brauches galt – so wie auch die italienische Frau Percht, die »Befana«, auf das griechische Epiphanias zurückgeht. Die Perchtenauftritte dienten ursprünglich der Abwehr des Bösen, um den guten Seelengeistern den Weg freizumachen.

Die Flinserln von Bad Aussee. Der »Ausseer Fasching« ist Höhepunkt der steirischen Fasnacht, dort Fasching genannt. Als berühmteste Gestalten tauchen dort am Faschingsdienstag die Flinserln auf. Am frühen Nachmittag versammeln sich im »Gasthof zur blauen Traube« dreißig bis vierzig Flinserlpaare, »Mandl und Weibl« ordnen sich zu einem Zug und ziehen, von Musikanten angeführt, durch den Ort. Daß es sich bei den »Flinserldamen« wirklich um Frauen handelt, ist eine Ausnahme unter den alpenländischen Fasnachtsbräuchen, bei denen nach ehernem Gesetz sonst nur Männer unter die Maske gehen dürfen und auch die Frauenmasken zu tragen haben. Für Ordnung im Zug haben die »Zacherln« zu sorgen, deren Hosen und Jacken den Obersdorfer »Fleckerln« ähneln; sie tragen schwarze Zylinderhüte und in der Hand Stöcke, an denen Schweinsblasen befestigt sind. Damit halten sie die allzu stürmische Jugend, die beim Ausrücken der Flinserln bereits in den Gassen harrt, auf respektvolle Distanz. Die Kinder wiederholen laut die von den Flinserln vorgesprochenen Vierzeiler oder Gstanzln – meist alte, überlieferte Sprüche, doch kommen auch immer wieder neue dazu – und werden dafür mit Nüssen belohnt.

In Obersdorf bei Mitterndorf, ebenfalls im steirischen Salzkammergut, gibt es einen ähnlichen Brauch. Dort ziehen die »Fleckerln« von Haus zu Haus. Zur bunten, mit Tuchflecken besetzten Hose und Bluse tragen sie eine Halskrause und einen spitzen Filzhut, was noch andeutungsweise das mittelalterliche Harlekinskostüm erkennen läßt. In Bad Aussee wurde diese Fleckerlmaske dann zum prächtigen, mit Pailletten bestickten Flinserlkostüm weiterentwickelt. Der erste Nachweis der Ausseer Flinserln stammt aus dem Jahre 1767. Ihren Namen verdanken sie den kleinen, glitzernden Metallblättchen, die auf aufgenähte Figuren und Ornamente aus Filz und anderen Stoffen auf die Rohleinengewänder gestickt werden. Die Kostüme, wie wir sie heute sehen, stammen teilweise aus dem 19. Jahrhundert, einige sogar aus dem 18. Jahrhundert, werden aber immer noch nach überlieferter Tradition in ein- bis zweijähriger Arbeit angefertigt.

Der farbenprächtige Flinserlzug mit seinen glitzernden Gestalten soll den nahenden Frühling verkünden.

Die Trommelweiber von Bad Aussee. Eine interessante Variante des Faschingsbrauchtums hat sich, von Bad Aussee ausgehend, im Salzkammergut verbreitet. Nach alter Tradition – die erste Faschingsfahne trägt die Jahreszahl 1767 – ziehen am Faschingsmontag und am Faschingsdienstag die Trommelweiber, als Frauen verkleidete Männer, in altertümlichen weißen Nachtkleidern, Schlafhauben und glatten, lächelnden Masken durch die Straßen. Während des Umzugs, der bis in die späten Nachmittagsstunden dauert, schlagen die Trommelweiber zu den Klängen eines Ausseer Faschingsmarsches, gespielt von Trompeten und Klarinetten, auf großen Trommeln den Takt. Vor den Häusern der Ortsprominenz und vor Gaststätten spielen die Gruppen ein Ehrenständchen. Dafür werden ihnen als Gegengabe eine Flasche Schnaps, ein Wurstkranz und ein Bund »Beugl« (Kultgebäck) an die Fahnenstange gehängt. Die Wirtsleute laden die Gruppe zu einem Trunk oder einer Jause in die Gaststube ein.

Der Umzug der Trommelweiber erfreut sich sehr großer Beliebtheit. Man hat offenbar keinerlei Nachwuchssorgen, denn anhand von historischen Aufnahmen und Berichten läßt sich feststellen, daß die Trommelweiber heute viel zahlreicher in Erscheinung treten als früher. Immerhin sind Hintergründe und Bedeutung dieses Brauches keineswegs veraltet: Mündlicher Überlieferung zufolge hat eine Frauengruppe eines Nachts ihre Männer mit viel Lärm aus einem Wirtshaus hinausgetrieben; diese Szene wurde dann im darauffolgenden Fasching von einer Männer-

Am Dreikönigstag, dem früheren Jahresbeginn – aber auch schon die Tage vorher –, ziehen in ganz Österreich die *Sternsinger*, die *Heiligen Drei Könige* darstellend, von Haus zu Haus, berichten singend von der Geburt Christi und wünschen Glück und Segen für das neue Jahr.

Eine eigene Form des Sternsingens, wie sie noch im vorigen Jahrhundert in ganz Kärnten Brauch gewesen sein soll, hat sich in Heiligenblut erhalten (hier gehen nur erwachsene Männer sternsingen; auch Blasmusikanten gehören dazu): Nach einer gemeinsamen Andacht nachmittags in der Pfarrkirche ziehen die *Lichtbringer mit Stern*

und Latern am Abend und in der Nacht vor dem Dreikönigstag mit Liedern und guten Wünschen von Haus zu Haus. Sie tragen den von innen beleuchteten, drehbaren Stern weit hinauf bis zu den letzten Höfen. Damit kein Haus ausgelassen werden muß, sind mehrere Rotten (Gruppen) unterwegs.

Alljährlich am Vorabend des *Großen Perchtentages* (6. Jänner) laufen die *Glöckler* von Ebensee (im oberösterreichischen Salzkammergut) mit kunstvoll bemalten und beklebten *Lichtkappen* und ziehen ihre Kreise vor den Häusern zu Ehren der Bewohner.

25

Am Nachmittag des *Großen Perchtentages* laufen in Stuhlfelden im Pinzgau die *Tresterer* von Hof zu Hof und vollführen einen eigenartigen, rhythmischen Stampftanz, der zu den ältesten Tänzen Europas zählt; getanzt wird nur auf Holzböden. Auch sie gehören zu den *Schönperchten* und werden von *Schiachen* begleitet, die aber vor Beginn des Tanzes das Haus verlassen.

Perchtenlauf in St. Johann im Pongau. Die einst ausgelassenen nächtlichen Perchtenläufe sind heute zu einem gesitteten, geordneten Zug geworden: die *Schönen*, die Altar- oder Spiegelperchten, die den Frühling verkörpern, mit ihren G'sellinnen (Männer, als Frauen verkleidet) gemeinsam mit den *Schiachen*, die noch in der zweiten Hälfte des vorigen Jahrhunderts zwischen Advent und Dreikönig nachts lärmend von Hof zu Hof zogen, um die bösen Dämonen des Winters zu vertreiben.

Pongauer Perchtenlauf.
Während heutzutage die Tafel- oder Spiegelperchten – die auffallend zahlreichen und großen Spiegel sollten einerseits die bösen Winterdämonen durch den eigenen Anblick vertreiben, andererseits Licht und Sonnenstrahlen vermehren – begleitet von den *Schiachen* und einer großen Auswahl anderer traditioneller Gestalten durch den Ort ziehen, vor den Honoratioren *tanzen* und sich verneigen . . .,

. . . verhalten sich die Rauriser Schnabelperchten (oben links) sehr ursprünglich und weit weniger würdevoll: Sie ziehen im Rauristal von Haus zu Haus und *überprüfen die Sauberkeit.* Die Schere deutet auf die Sage, wonach diese halb vogel-, halb hexenartigen Gestalten den Bauch schlampiger Hausfrauen aufgeschnitten und den Kehricht hineingeleert haben sollen; bewirtet oder beschenkt man sie aber, vergessen sie ihre Pflicht.

Flinserlfasching von Bad Aussee. Am Faschingsdienstag versammeln sich dreißig bis vierzig Flinserlpaare, *Mandl und Weibl*, die in ihren harlekinartigen Kostümen den Frühling verkörpern, zu einem Zug, der von Musikanten angeführt wird. Die Kinder in den Gassen rufen ihnen überlieferte Faschingssprüche zu und bekommen daraufhin Nüsse zugeworfen.

In Musikbegleitung ziehen am Faschingsmontag und -dienstag die *Trommelweiber*, mit altmodischen Frauen-Nachtkleidern und -Masken verkleidete Männer, durch die Straßen von Bad Aussee und schlagen auf ihren Trommeln den Takt zum Ausseer Faschingsmarsch. Sie verulken damit Frauengruppen, die früher einmal ihre Männer mit Lärm aus den Wirtshäusern des Ortes getrieben haben sollen. Ganz oben: Der Nachwuchs, zweijährig!

Am Faschingsmontag sind in der Steiermark, im oberen Murtal (auf den Bildern in Unter-Etrach), die *Faschingsrenner* unterwegs. Sie laufen kilometerweit über Hügel und Felder zu den entferntesten Höfen, vor denen sie dann ihr *Kranzl* tanzen, was Glück, Segen und Fruchtbarkeit bringt. Der *Greifer* an der Spitze des Zuges hat es auf die Hühner des Hofes abgesehen, läßt sich aber mit Eiern oder anderen Gaben von seinem Vorhaben leicht abbringen.

Das *Schemenlaufen* von Imst gehört fraglos zu den berühmten Fasnachtsbräuchen im Alpenraum. Linke Seite: Hauptfiguren sind die *Roller*, die den Frühling verkörpern, und daneben links im Bild die *Scheller*, die den Winter versinnbildlichen. Unten: Tanz der Roller und Scheller; dieser wird von den sogenannten *Laggerollern* und *Laggeschellern* (oben) verulkt.

Nassereither Schellerlaufen. Die Fasnacht in Nassereith hat sich sehr urwüchsig erhalten. Auch hier gehören zu den Hauptfiguren die *Roller* und *Scheller* (Bilder oben und rechte Seite unten rechts) und als Ordnungshüter die *Sackner* (rechte Seite Mitte) und *Spritzer*. Vor jedem Scheller tänzelt ein *Kehrer* (rechte Seite oben links). Höhepunkt ist der Kampf des *Bärentreibers* mit dem Bären, während die Masken einen Kreis um die Gruppe bilden.

Das *Wampelerreiten* von Axams. Bei der Axamer Fasnacht wird der Kampf der Menschen gegen die Dämonen in einem realistischen und auch unsanften Zweikampf ausgetragen. Die *Wampeler* versinnbildlichen zweifellos Dämonen; diejenigen, die auf dem vorbestimmten Weg um das Dorf kommen, ohne von einem der männlichen Bewohner auf den Boden geworfen zu werden, werden als Sieger gefeiert.

Auch die *Spiegel- oder Altartuxer* (linke Seite), mit den *Hütltuxern* (oben) und den *Huttlern* oder *Mullern* (unten) aus den sogenannten MARTA-Dörfern bei Innsbruck (Mühlau, Absam, Rum, Thaur und Arzl), Hauptfiguren des *Mullerlaufens* gehören zu den prächtigsten Fasnachtsmasken des Alpenraumes.

Die *Huttler* oder *Muller* vom Thaurer Mullerlaufen sind für das *Abmullen* zuständig: ihr sanfter, oft nur angedeuteter Schlag mit flacher Hand auf Schulter oder Rücken von Frauen ist als *Wecken der Fruchtbarkeit* zu verstehen; aber auch die Freunde und Bekannten werden *abgemullt*, wobei der Schlag schon wesentlich kräftiger ausfällt.

Alle fünf Jahre *gehen die Telfer in die Fasnacht*, die nach einer der traditionellen Gruppen, den Schleichern, das *Telfer Schleicherlaufen* genannt wird. Die eleganten Gestalten, die Schleicher, stellen hierbei den Frühling dar. Mit ihrem bis zu 10 kg schweren, phantasievollen Kopfputz *schleichen* sie ruhig dahin, um dann gemeinsam den *Kroas* (Kreis) zu tanzen (links unten), wobei der

Die Gruppe der *Wilden*, ganz in Baumbast gehüllte Gestalten, die den Winter verkörpern oder – laut einer Sage – die Ureinwohner von Telfs darstellen sollen, schafft während des Umzugs Platz für die einzelnen Gruppen. Bilder rechts außen: Der Laternenträger im Harlekinskleid, ein Relikt aus der Zeit, als das *Maskengehen* noch nachts stattfand, schwingt seine große Laterne und macht Platz für den Kreis der *Schleicher*. Unten links: der Laningerwagen.

Funkensonntag am Bartholomäberg im Montafon. Am ersten Fastensonntag (Invocavit) wird in fast jedem Ort in Vorarlberg ein mächtiger Holzstoß errichtet, auf dessen Spitze eine Hexe thront. Nach Einbruch der Dunkelheit wird der Funken angezündet, der Winter symbolisch verjagt.

gruppe in Weiberkleidern, begleitet von der Musikkapelle, nachvollzogen.
Nach den beiden Weltkriegen fand dieser Ausseer Brauch dann auch in den umliegenden Orten wie Unterkainisch, Obertressen, Grundlsee und Straßen Nachahmung.

Das Faschingsrennen in der Krakau. In der Obersteiermark, in der Krakau, dem Zwickel unweit der Kärntner und der Salzburger Grenzen, werden die »Winterunholde« mit Glockenschellen, Singen und Jauchzen verscheucht. Dieses sogenannte »Faschingsrennen« findet in den Orten Krakaudorf, Krakauhintermühlen, Krakauschatten, St. Georg ob Murau, Ranten, Schöder und anderen statt, wobei sich die Dörfer in der Durchführung teilweise jährlich abwechseln. Aus dem heidnischen Brauch des Winteraustreibens ist hier offenbar in späterer Zeit ein Heischebrauch der Drescher geworden, deren Arbeitsverhältnis jeweils zur Mittwinterzeit endete.
Heute laufen die »Faschingsrenner« am »Damischen Montag« – das ist der Faschingsmontag – vom Morgengrauen an viele Kilometer weit über Hügel und Berge im Gänsemarsch durch die Winterlandschaft, von Hof zu Hof; auf Fahrstraßen steht jetzt manchmal ein Traktor mit Anhänger zur Bewältigung allzu großer Entfernungen bereit. Vor den Häusern wird ein sogenanntes »Kranzl«, eine immer enger werdende Spirale, gelaufen, was Glück und Segen bringen soll und wofür die Faschingsrenner als Dank Eier, Geld und andere Gaben erhalten.
An der Spitze des Zuges befindet sich der »Hühnergreifer«, eine Vogelmaske mit Federkleid und einem Raubvogel auf dem Kopf; er hat es auf die Hühner des Hofes abgesehen, wenn er keine Eierspenden vorfindet. Ihm folgt der »Wegauskehrer«, ein ganz in Rot gekleideter, wendiger Bursche mit einer spitzen Mütze auf dem Kopf und einem langen Kehrbesen in der Hand; seine Aufgabe ist es, oder besser war es, die vor den Bauernhöfen über den Weg gespannten Ketten zu überspringen. Heute gibt es diese Hindernisse nur noch selten. Ihm folgen etwa 16 bis 18 »Schellfaschinge« in kurzen Lederhosen und weißen Hemden; dazu tragen sie Trachtentücher um die Schultern und einen Schell- und Glockenrollkranzgürtel sowie einen bunt beklebten, bis zu einem Meter hohen »Zuckerhut« auf dem Kopf. Danach kommen vier »Glockfaschinge«, den Steirerhut auf dem Kopf, einen Schäferstab und große Glocken in den Händen; sie werden vor jedem Haus von den Schellfaschingen eingekreist. Der Eierträger hat die von den Bauern vor dem Haus aufgestellten Eier einzusammeln. Eine Roßgruppe und andere lustige Gestalten begleiten den Zug: Neben den Hausierern betteln die »Vetteln« (als Frauen verkleidete Burschen) für ihre Kinder, mitgeschleppte Strohpuppen, um ein »Zutzgeld«; der »Schottenklaner« hingegen möchte den Zuschauern Farbe ins Gesicht spritzen. Bis in die späten Nachmittagsstunden ist der fröhliche Zug unterwegs.

Das Schemenlaufen in Imst. Wiederholten Verboten zum Trotz – bereits Abraham a Sancta Clara wetterte 1683 dagegen, und 1729 gab es sogar einen Schemenprozeß – konnte sich dieser Brauch des Winteraustreibens aus altgermanischer Zeit zu einem der prächtigsten und berühmtesten Fasnachtsbräuche des Alpenraumes mit einigen hundert aktiven Teilnehmern (1984 waren es 600) entwickeln.

Die Bezeichnung »Scheme« scheint bereits im 13. Jahrhundert in einer Tiroler Handschrift auf. Seit 1829 existieren fast lückenlose Aufzeichnungen über das Imster Schemenlaufen, das wegen der aufwendigen Vorbereitungen und der Mühen um eine würdevolle Gestaltung des Festes nur mehr alle drei bis vier Jahre an einem Sonntag stattfindet (zuletzt 1984).
Für die Imster beginnt der Fasnachtstag mit der Frühmesse, einer Gedenkmesse für die verstorbenen Fasnachtler. Anschließend rufen Herolde, begleitet von Fanfarenbläsern, die Fasnacht aus. Dann erfolgt das Figatter, das Verlesen von Schildbürgerstreichen aus dem Ort.
Am Vormittag ziehen die Masken in Gruppen in die Oberstadt, wo mit dem Ertönen der Mittagsglocken der Ruf »Larven auf!« erschallt. Sogleich schicken sich die Sackner, Spritzer und Kübelmajen an, als Ordnungsmasken den Weg frei zu machen für den Festzug, der sich nun langsam in Bewegung setzt. Voraus marschiert die Imster Stadtmusik. Dann folgen jeweils paarweise die »Scheller« und »Roller« (1984 waren es etwa 60 Paare), als Symbole des Winters und des Frühlings die Hauptfiguren des Schemenlaufens. Mit ihrem schönen Kopfputz, einer liebliche Züge aufweisenden Maske und ihren Glöckchen um die Hüften verkörpern die Roller das weibliche Element und den Frühling; sie haben den sogenannten »Pemsl« in der Hand, auf dem die »Brezen« stecken, die zum »Mehren der Fruchtbarkeit« an die Zuschauer verteilt werden. Die Scheller hingegen versinnbildlichen mit ihrem wuchtigen Kopfputz und einem überdimensionalen Schnurrbart das männliche Element und den Winter; sie tragen an ihrem Gürtel vorn und hinten drei bis vier große Kuhglocken, das 20 bis 30 Kilogramm wiegende »Gschall«. Wenngleich auch sie in ihrem eleganten Gewand und den kunstvollen Masken »schön« wirken, gehören sie zu den »Schiachperchten«; tatsächlich wiesen ihre Masken einst große Eckzähne auf und waren wohl häßlich zu nennen. Ihnen folgen die Laggeroller und Laggescheller, die in langsamen Bewegungen die elegant tänzelnden Schritte und Sprünge der Roller und Scheller verulken. Traditionelle Figuren sind auch der Vogelfänger – er erinnert an den blühenden Imster Vogelhandel im 17. und 18. Jahrhundert – und die Hexen, ferner die Kaminkehrer und Ruaßler sowie die Bärentreibergruppe. Die »Labera« erscheinen in Imst in Frack und Zylinder; sie verkörpern in aller Würde das alte fasnachtliche Rügerecht. Dieses Gerichthalten und Berichterstatten über die Jahresereignisse ist auch für das Imster Schemenlaufen typisch. Aus der »Rofenkathl«, der Fasnachtszeitung, erfährt man von allen Ungereimtheiten, die sich seit dem letzten Umzug ereignet haben. Den Abschluß bilden die Festwagen mit Imster Themen. Beim abendlichen Betläuten müssen dann alle Masken abgenommen werden.

Das Schellerlaufen in Nassereith. In durchschnittlich dreijährigen Intervallen findet in Nassereith am Faschingssonntag das »Schellerlaufen« statt. Wiederum verkörpern die »Scheller« das männliche Element und den Winter, während die »Roller« das weibliche Element und den Frühling darstellen. Die »Kehrer« mit ihren Besen, ein Symbol der Nassereither Fasnacht, sind den Rollern zugeordnet; sie kehren symbolisch den Schnee und damit den Winter weg. Alle drei sind prunkvoll gekleidet, tragen holzgeschnitzte Masken und Kronen, geschmückt mit Federn, Flitterwerk, Bändern und einem Spiegel und erinnern in ihren farblich gekonnt aufeinander abgestimmten Kostümen an Bühnengestalten; mündlicher Überlieferung zufolge sollen ihre Gewänder tatsächlich von einem Bühnenbildner der Barockzeit beeinflußt worden sein.

Im Zug befinden sich wiederum Hexen, Kübelmajen, Mohren- und Engelspritzer – letztere üben mit dem Verspritzen und Zerstäuben von Wasser einen uralten Fruchtbarkeitskult aus –, aber auch »Ruaßer«, vor denen die Zuschauer besonderen Respekt haben. Für Ordnung sorgen die »Sackner«. Ein Tiroler Charakteristikum unter den Festwagen ist die »Labera«, eine Volksjustiz auf Rädern, welche in einer Art Schauspiel das Rügerecht übt. Und schließlich sind als Besonderheit dieser urtümlichen Nassereither Fasnacht noch die »Schnöller« zu erwähnen, die gleich den Aperschnalzern mit dem »Schnöllen« ihrer langstieligen Peitschen, das kilometerweit zu hören ist, ebenfalls den Winter zu verjagen haben.
Höhepunkt des Schellerlaufens ist der Kampf des Bärentreibers mit dem Bären in einem von den Masken gebildeten Kreis. Der Bär spielt in der Fasnacht insofern eine Rolle, als sein Aufwachen aus dem Winterschlaf das Erwachen der Natur ankündigt. Der Bär gilt als Symbol des Frühlings und muß aus diesem Kampf, der auf ein heidnisches Fruchtbarkeitsritual zurückgeht, stets als Sieger hervorgehen, da ja im Spiel immer das Gute über das Böse siegt.

Das Axamer Wampelerreiten. Etwa alle vier Jahre – zuletzt 1984 – findet in Axams als Höhepunkt der dortigen Fasnacht, meist am Faschingssonntag – früher am »Unsinnigen Donnerstag«, das ist der Donnerstag davor –, das »Wampelerreiten« statt. Am frühen Nachmittag wird von der Musikkapelle des Ortes der Umzug eröffnet. Vom westlichen Ortseingang aus machen die traditionellen Fasnachtsgruppen zunächst eine friedliche Runde durch das Dorf. Voran treten die »Axamer Tuxer« in Seidenschürzen und -tüchern mit ihren »Goaßl'n« in Aktion. Sie machen Platz für den Zug, holen sich aber, sobald sie diese Aufgabe hinter sich gebracht haben, aus den Zuschauern Mädchen und Frauen, um sie in eines der Wirtshäuser zum Tanz einzuladen – eine große Ehre für die Auserwählten.
Mitgeführt wird selbstverständlich der »Axamer Bock«, das Wahrzeichen des Ortes. Der Bockführer trägt die Sage vor, wonach Hirten aus dem Stubaital einen Ziegenbock eingekleidet und über das Joch nach Axams gejagt haben sollen. Die Axamer hätten diesen angeblich für den Teufel gehalten und in den Gemeindekotter gesperrt. Ihm folgen Hexen, Laninger (Karner und Hausierer mit ihrem Kram), ein »Bujazl« in Harlekinskleidung, die freundlichen »Nahdln« und »Paarln«, Fasnachtswagen und andere Gestalten. Den Mittelpunkt des Zuges bilden die »Wampeler«, deren Name von ihrem »wamperten« (dickbauchigen) Erscheinungsbild herrührt. Über ihren Hosen tragen sie einen roten Damenrock, dazu ein weißes Hemd aus grobem Leinen, das mit Heu ausgestopft ist; auf dem Kopf sitzt eine schwarze Haube und vor dem Gesicht eine Holzmaske.
Beides wird für die zweite Runde um das Dorf, für die »Kampfrunde«, abgenommen. Manchmal gibt es auch eine weitere Kampfrunde, das ist unterschiedlich. Dabei bleiben nun die Wampeler im Rudel beisammen, immer um eine gegenseitige oder sonstige Rückendeckung bemüht (sie dürfen nämlich nur von rückwärts angegriffen werden), denn unter den Zuschauern lauern die sogenannten »Reiter«, welche den Wampeler anspringen, um ihn auf den Boden zu werfen; danach muß der Reiter sofort von ihm ablassen. Obwohl bei diesem Kampfspiel genau festgelegte Regeln einzuhalten sind, geht es dabei oft recht rauh zu. Wampeler, die bei den Kampfrunden durchs Dorf kommen, ohne auf den Boden gelegt worden zu sein, werden anschließend auf Kosten der Reiter gefeiert.
Der Ursprung dieses Brauches ist nicht klar. Im Volksmund heißt es, die »Wampeler« sollen vor langer Zeit zur Vertreibung von Wölfen und Bären in den nahen Wäldern aufgeboten worden sein, doch ist es wahrscheinlicher, daß hier der Kampf des Menschen gegen die bösen Dämonen des Winters, von den Wampelern verkörpert, realistisch dargestellt wurde. Natürlich ist dieser rauhe heidnische Brauch von der Kirche oftmals streng verboten worden, was aber stets zur Folge hatte, daß es hernach wesentlich mehr »Wampeler« gab als vorher – typisch für die Tiroler!

Das Mullerlaufen von Thaur. In den »Martha-Dörfern« (Mühlau – Arzl – Rum – Thaur – Absam), aber auch in Mils, nordöstlich von Innsbruck, hat sich ein Fasnachtsbrauch erhalten, der früher im gesamten Innsbrucker Mittelgebirge bekannt war: das »Huttler- oder Mullerlaufen«, über das Friedrich Haider schreibt:
»Trotz aller Verbote durch aufklärerische Regierungen war gerade Thaur immer eine Hochburg des Mullerlaufens, und die eifrigsten Krippenbauer waren zugleich auch die eifrigsten Fasnachter. So überliefert uns der vormalige Direktor des Tiroler Volkskunstmuseums, Dr. Josef Ringler, einen Bericht, nach dem der phantasiereichste unter den Selbstherstellern von Jahreskrippen, Johann von Maurer, sich nicht scheute, die Fasnacht auf seiner Krippe vorzuführen: Vor den Stall wurden ein paar Kulissen hingestellt, und auf der freien Bühne davor entwickelte sich das

Fasnachtstreiben, das Muller- oder Huttlerlaufen. Dieser Brauch fand auch in anderen Häusern Nachahmung. Mancher Mensch von heute mag dies als Entartung betrachten. Für die Gegenwart stimme ich dieser Ansicht vollauf zu. Doch muß ich auch betonen, daß es zur damaligen Zeit keine Entartung war. Damals hatten die Leute noch mehr Gefühl für die Fasnacht, noch mehr das Bewußtsein, daß die Fasnacht eine ernst zu nehmende Angelegenheit war. Sie war ihnen nicht die »närrische« Zeit, die sie uns bedeutet, sondern sie war diesen Menschen – wahrscheinlich unbewußter – Rest eines religiösen Kultes der Ahnen. Es ist dies ein Beispiel von der Beharrungskraft religiöser Bräuche.«

Und bis heute ist Thaur auch die Hochburg des Mullerlaufens geblieben. Die Hauptfiguren, die Muller, die Spiegel- und Hütltuxer, sind alljährlich in der Fasnachtszeit zu sehen; sogar auf Ballveranstaltungen in den umliegenden Dörfern tauchen sie manchmal auf und tanzen ihre alten Kulttänze, bevor sie Mädchen aus der Gesellschaft zum Tanz einladen.

Alle drei bis fünf Jahre aber (das nächstemal wahrscheinlich 1987) formieren sich die Thaurer »Maschgerer« – beim letztenmal waren es immerhin 600 – zu einem geordneten Zug und laufen durch das Dorf. Die größte Gruppe bilden die Muller, auch »Huttler« genannt, die der Thaurer Fasnacht den Namen gaben. Zu ihnen gehören auch die Zottler, Klötzler und Glöggler. In der Kleidung sind alle ähnlich, aber anstatt mit Hutten (daher der Name Huttler) mit langen Fransen, Holzklötzchen oder Glöckchen bestückt. Den Mullern gemeinsam ist auch eine aus Holz geschnitzte Gesichtslarve, die mit der Kopfbedeckung, einem Filzhut mit Wildbalg, Pfauen-, Spielhahn- oder Raubvogelfedern, einem Spiegel, Kunstblumen und Flitterwerk geschmückt, ein Ganzes bildet.

Der leichte Schlag der Muller auf die Schultern der Zuschauer, »abmullen« genannt, verspricht Frauen Fruchtbarkeit und Männern Manneskraft für lange Zeit.

Die prächtigsten Gestalten des Zuges sind die Spiegel- oder Altartuxer. Mit ihrem bis zu einem Meter hohen und 12 Kilogramm schweren Kopfputz, dem mit Kunstblumen, Flitterwerk, einem Spiegel und rundum mit Federn geschmückten »Altar«, verkörpern sie den Frühling. Der Altartuxer wird von Hütltuxern umtanzt, die ebenfalls in eine Art Alt-Zillertaler Bauerntracht gekleidet sind, aber nur einen

kleinen mit Kunstblumen und Flitter besteckten Hut tragen. Bei den häßlichen Masken dominieren die Hexen, die mit gewaltigen Sprüngen die Schellenschlager animieren. Dieses Springen und Stampfen gehört ebenso zur alten Fruchtbarkeitssymbolik wie die Sätze und Sprünge des Ziegenbocks, der seinen Treibern hart zusetzt, oder das Umfangen der Mädchen mit der Weidenrute.

Neben zahlreichen weiteren Traditionsgruppen der Tiroler Fasnacht und Festwagen mit dörflichen Szenen fällt noch das Fasserrößl auf, das wohl der benachbarten Haller Fasnacht entlehnt sein dürfte: Früher waren es die Schmiede von Hall, die mit dem »Fasserrößl« herumzogen. Hauptperson war der Reiter, in einer mit vier Füßen versehenen Pferdeattrappe. Vor dem Roßreiter ging ein Bursche, der dem Pferdekopf Heu vorhielt; hinter dem Reiter versuchten einige »Schmiede« immer wieder, das Roß zu beschlagen, das aber nach allen Seiten wild ausschlug.

Diese Roßgruppe, wie sie in ähnlicher Form seit Jahrhunderten auch in anderen Fasnachtszügen im Alpenraum auftaucht, wird in Thaur einerseits ganz nüchtern als Erinnerung an den ehemaligen Bergbau in der Gegend gesehen, als mit einem Rößlein das Essen zu den Bergleuten gebracht wurde; andererseits soll der Ursprung dieses Brauches in indogermanischer Zeit wurzeln und die mimische Kultszene der Beschlagung des Geisterrosses, wie sie damals Sitte gewesen sei, dem Spiel zugrunde liegen. In einem Prosastück aus dem 13. Jahrhundert wird erzählt, daß Odin um die Julzeit sein Pferd beschlagen läßt und sich später dem Schmied zu erkennen gibt.

Wie dem auch sei, alles in allem ist die Thaurer Fasnacht ein beeindruckendes, faszinierendes Ereignis und eine gesunde Mischung von echtem Brauchtum mit dörflichem Humor und Freude am Feiern.

Das Schleicherlaufen in Telfs. In Abständen von fünf Jahren »gian die Telfer« nach monatelangen Vorbereitungen »in die Groaße Fosnacht«, und wer den Höhepunkt, das »Schleicherlaufen«, miterlebt, nimmt Anteil an einem der ausdrucksvollsten Schauspiele der Tiroler Fasnacht, das in heidnischer Zeit wurzelt und bereits 1749 urkundlich erwähnt wird: Um sieben Uhr in der Früh, wenn es noch dunkel ist, wird eine riesige »Sonne« durch den Ort getragen, um für die Dauer der Veranstaltung schönes Wetter zu erbitten. Die Telfer wissen zu berichten, daß es seit 1890, als dieser Brauch eingeführt wurde, noch keine Fasnacht verregnet habe. Zwei Stunden später ziehen dann die »Wilden«, ganz in Baumbast

gehüllte Gestalten, die den Winter oder – laut einer anderen Version – die Ureinwohner von Telfs darstellen, in geschlossenem Zug mit dem »Panzenaff« durch den Ort. Nun wird beim »Meaderloch« der Bär, ein Symbol des Frühlings, eingefangen und gezähmt, und während die »Wilden« wieder zurückziehen zum Sammelplatz im Ortsteil Lumma, werden die eleganten »Schleicher«, die prächtigsten Figuren, nach denen die Telfer Fasnacht »Schleicherlaufen« benannt ist, in Kutschen abgeholt.
Um 11 Uhr setzt sich der große Zug in Bewegung. Den Fanfarenbläsern, den hoch zu Roß die Fasnacht verkündenden Herolden und der »Musibanda« folgen die Symbole der vier Jahreszeiten. Die »Wilden« haben im Zug für Ordnung zu sorgen. Der Laternträger im Gewand eines Harlekins macht Platz für die »Schleicher«, indem er eine Laterne schwingt, was an die Zeit erinnert, als die »Kämpfe zwischen Winter und Frühling« noch nachts stattfanden. In ihren bunten Gewändern aus Samt und Seide, dem bis zu 10 Kilogramm schweren »Schleicherhut« mit kunstvollen Aufbauten – die meist Motive aus der Landwirtschaft und der Natur oder auch aus der Sagenwelt darstellen –, dem Schellengürtel, einem Fähnchen und einem Stab mit Brezeln, Fruchtbarkeitssymbolen, in den Händen, verkörpern sie den Frühling.
Die Gruppe der Schleicher begleiten Wirt, Kellnerin und Gläserbub, Tuxer und Tuxerin, Senner und Sennerin sowie der Goaßer. Er gibt mit seinem Horn den Beginn des »Kroastanzes« der Schleicher an, der zu Ehren von Honoratioren vorgeführt wird, wobei der rhythmische Klang ihrer Glocken an die Mystik dieses ehemaligen Fruchtbarkeitsrituals erinnert. Der erste »Kroas« wird jedoch für das Gelingen der Fasnacht und der letzte für die in den vergangenen fünf Jahren verstorbenen Fasnachtler getanzt.
Von den nun folgenden traditionellen Figuren erfreuen sich besonders die Bären- und die Exotengruppe mit ihren teilweise zirkusreifen Einlagen sowie die »Laningergruppe« als fahrendes Volk mit Raufereien und derbem Humor allgemeiner Beliebtheit, aber auch die Festwagen, die aktuelle Zeitprobleme zeigen, finden den Beifall der Zuschauer.
Die Telfer Fasnacht beginnt natürlich nicht erst am Tag des Schleicherlaufens, der nur ihr Höhepunkt ist, sondern schon Wochen vorher, am Dreikönigstag, wenn der Fasnachtsobmann beim Ausgraben des »Naz«, einer Stoffpuppe, die den jüngsten Sproß der Laninger-Gruppe darstellt und die Telfer Fasnacht symbolisiert, ruft: »Liabe Telfer, die Fosnacht isch frei.« Und so endet sie dann auch mit dem Naz-Eingraben am Faschingsdienstag.

Funkensonntag in Vorarlberg. Das »Funken-Abrenna« am Sonntag Invocavit, dem ersten Fastensonntag, findet in ganz Vorarlberg statt. Das Verbreitungsgebiet dieses Frühlingsbrauchs war ursprünglich sehr groß: Es umfaßte bei uns den gesamten schwäbisch-alemannischen Raum: Schwaben, Schweiz, Vorarlberg, oberstes Inntal und Obervinschgau. Tatsächlich sind Funken aber von der Poebene über das Rheinland bis Nordfrankreich sowie von Nordostfrankreich bis zur Nordsee nachgewiesen. Dem Funkenabbrennen liegen – wie der ganzen Fasnacht – heidnisch kultische Vorstellungen zugrunde, die wir in dem Kapitel »Sonnwendfeuer« (siehe Seite 80) noch eingehender behandeln werden. Nicht umsonst spricht der Volksmund heute noch von der »Alten Fasnacht«, die seinerzeit noch 14 Tage über den Faschingssonntag hinausreichte.
In zahlreichen Vorarlberger Ortschaften beginnen die Vorbereitungen für die Errichtung des Funkens – das ist ein kunstvoll geschichteter, bis zu 15 Meter hoher Holzstoß – schon etliche Tage vorher. Die Schuljugend übernimmt dabei die Aufgabe des Heischens von Holz und Stroh. Der sachgemäße Aufbau des Funkens erfolgt unter Aufsicht des Funkenmeisters, und zwar sind dabei nur Erwachsene tätig. In einigen Orten Vorarlbergs existieren sogar eigene »Funkenzunften«.
Ein sehenswertes Beispiel für die Aktivität eines ganzes Dorfes bei diesen Fasnachts- und Vorfrühlingsfeuern ist der Funken in Schruns im Montafon: Am Abend des Funkensonntags versammelt sich groß und klein bei Einbruch der Dämmerung am Funkenplatz. Zu den Klängen der Schrunser Harmonikamusik werden kleinere Funken, welche um den eigentlichen Funken herum angeordnet sind, entzündet, damit an ihnen die von den Schulkindern mitgebrachten Fakkeln entfacht werden können. Von den fackelschwingenden Buben und Mädchen werden sodann Kreise oder andere Figuren um den Funken herum beschrieben, bis der Funken in Brand gesetzt wird. Im Nu lodert eine gigantische Flamme gen Himmel. Unzählige solcher Funkenfeuer – manche Orte haben sogar mehrere »Funken« – gibt es am Holepfann –, Funken- oder Kaassonntag, der in Vorarlberg auch »Küachlisonntag« genannt wird, weil zur Feier des Tages eigene »Funkenküachli« – das sind Germteigküchel – auf den Tisch kommen.
Das Verbrennen der »Funkahex«, einer Strohpuppe, die an der Spitze des Funkens thront – sie ist manchmal auch mit Pulver gefüllt und explodiert sehr effektvoll –, weist darauf hin, daß damit symbolisch der Winter verjagt werden soll.

VON MARIA LICHTMESS BIS FRONLEICHNAM

Kirchleintragen oder Lichtertragen in Eisenkappel. Maria Lichtmeß (2. Februar) ist das Fest des Lichtes, an dem in der Kirche Kerzen geweiht und auch vielfach geopfert werden. Eisenkappel im Kärntner Vellachtal feiert diesen Tag auf seine eigene Art: Am Vorabend des Lichtmeßtages versammeln sich nach Einbruch der Dämmerung die Kinder. Jedes bringt ein aus Holz, Papier, Farbe und Klebstoff meist selbstgebasteltes Kirchlein mit, das von innen mit einer Kerze beleuchtet und auf einen langen Stock befestigt ist. Danach ziehen sie, beobachtet von Eltern und Verwandten, gemeinsam zur Kirche, wo eine Messe gefeiert wird, und anschließend geht es mit dem unentwegt und lauthals wiederholten Ruf: »Ante pante populore kozeln vrate cvilelore«, zur Hagenegger Brücke. Dieser unermüdlich gleiche Vers ist eine Verballhornung eines Satzes aus der Lichtmeßliturgie. An der Brücke angekommen, werden die Kirchlein von den Stangen genommen und dem fließenden Wasser übergeben. Vom Ufer der Vellach beobachtet jedes Kind gespannt, wie lange sein Kirchlein auf den Wellen tanzt und somit das Lichtlein brennt.

Anfang des vorigen Jahrhunderts war das noch ein sehr ernster Brauch, bei dem auch Erwachsene mitgingen. Nach der Messe begab sich eine feierliche Prozession laut betend zur Hagenegger Brücke. Ließ der Pfarrer vernehmen: »Ante faciem omnium populorum ...«, was heißt: »Vor dem Angesicht aller Völker ...«, antworteten die Prozessionsteilnehmer mit »Gloria patri et filio et spiritui sancto«, was bedeutet: »Ehre sei dem Vater, dem Sohn und dem Heiligen Geist«. Im Haus Nr. 67, dem Kozel-Haus, an dem der

Zug vorbeikam, wohnte vor rund 150 Jahren der dort angestellte Lukas Smertnik, der für seine Späße bekannt war. Was ihn schon lange störte, war das Knarren der Eingangstür seines Hausherrn. Er leitete die Kinder dazu an, vor dem Kozel-Haus anstatt mit »Gloria patri . . .« mit »Kozeln vrate cvilelore!« zu antworten. Das ist slowenisch und bedeutet, daß die Tür beim Kozel knarrt. Die Buben waren von der Idee begeistert, der Pfarrer tobte; das gefiel der Jugend erst recht, und so blieb es bei dem Spruch, bis sich der Geistliche weigerte, weiterhin die Prozession zu führen. Daraufhin wurde auch sein Gebet verballhornt und durch »ante pante populore« ersetzt. Das reimte sich wenigstens.

In einer Sage wird die Entstehung des Kirchleintragens so erklärt: Einst, im späten Mittelalter, habe zur Zeit der Schneeschmelze die stürmische Vellach das Tal überschwemmt. Die verzweifelten Bewohner seien in die nahe Wallfahrtskirche Maria Dorn geflüchtet und hätten gelobt, dem Fluß eine beleuchtete kleine Holzkirche zu opfern. Bald darauf setzten sie auch tatsächlich ein Kirchlein auf das Wasser. Es sank sofort, und der tobende Bach beruhigte sich, er hatte das Opfer angenommen. Aus Dankbarkeit dafür, und auch um weiterem Unheil vorzubeugen, hätten die Eisenkappeler sodann das Gelübde abgelegt, dem Bach jährlich zur gleichen Zeit beleuchtete Kirchlein zu schenken. Soweit die Legende. In Wirklichkeit ist der Brauch vom »Feuer ins Wasser tragen« oder das Lichterschwemmen zu Maria Lichtmeß als Zeichen dafür, daß man von nun an nicht mehr bei Licht zu arbeiten brauchte, jedoch viel älter.

Das Striezelwerfen in Stein im Jauntal. Gräfin Hildegard von Andechs, genannt Hildegard (auch Agatha) von Stein, die für die Armen eine offene Hand hatte, Nahrungsmittel verteilte und Bedürftige an bestimmten Tagen mit einem Mahl bewirtete, soll vor ihrem Tod (1004) zum Wohl der Armen eine Brotverteilung gestiftet haben. Diese Geste habe auch andere Reiche zur Mildtätigkeit angeregt, und so sei es zu verschiedenen Stiftungen gekommen, die im Jahre 1811 etwa 250 Gulden erbracht haben sollen. Was dann aus diesen Stiftungen geworden ist, weiß man nicht genau.

Immerhin findet heute noch am Tag der hl. Agatha (5. Februar), der bei der Bevölkerung als Sterbetag der Hildegard von Stein gilt – genauer am Sonntag davor oder danach –, eine Brotspende statt. Zunächst gibt der Meßner vor und während der Messe am Kircheneingang die von Bauern gebackenen und gestifteten sogenannten Agathenstriezel, kleine Roggenmehlsemmeln, gegen eine Geldspende ab. Der verbleibende Rest – und das sind einige Körbe voll – wird nach der Messe von der Scheune neben der Kirche, einem Gebäudeteil der einstigen Burgmeierei, Schloßkeusche genannt, in die inzwischen dort versammelte Menschenmenge geworfen. Besonders bei den Kindern ist das Ergattern der Striezel eine sehr turbulente Angelegenheit, bei der es immer wieder zu Balgereien kommt, denn den Striezeln wird Heil- und Segenswirkung nachgesagt; und diejenigen, die man auffängt, heißt es, seien unvergleichlich wirksamer als die durch eine Spende erworbenen. Die geweihten kleinen Brote werden zu Hause gegessen. Was trokken und hart geworden ist, wird zerbröselt und dem Vieh ins Futter gemischt, denn das soll vor jeglichem Unheil schützen. Auf keinen Fall aber darf man die Striezel verschimmeln lassen, das würde einen drohenden Todesfall in der Familie ankündigen.

Der Bildstock an der Abzweigung von der Packer Bundesstraße nach Tainach soll übrigens den Namen Bettlerkreuz bekommen haben, weil sich hier die Armen versammelt hätten, um zur Hildegard von Stein zu wandern, wissen die Leute aus der Umgebung zu berichten.

Palmsonntag. In Erinnerung an den Tag, als Jesus auf einem Esel in Jerusalem seinen triumphalen Einzug hielt und das Volk Zweige von den Bäumen brach, um sie auf seinen Weg zu streuen, findet am Palmsonntag in fast jedem Ort in Österreich eine feierliche Palmweihe statt.

Die Weiden- und Buchsbaumzweige, oder was immer sonst an frischem Grün für Palmbuschen, Palmstangen oder Palmlatten verwendet wird, sind zugleich Zeichen des jungen Lebens. In vielen Gegenden werden sie zu wahren Kunstwerken gebunden, mit Brezeln und Äpfeln behängt und mit bunten Bändern geschmückt. Die Buben wetteifern miteinander in der Größe und Schönheit des Palms, und groß ist der Stolz desjenigen, der die schönste und längste Palmstange trägt. Freilich sind die Gebilde oft so schwer oder biegen sich unter der Last des Behangs so sehr, daß Väter helfend eingreifen müssen. Und auch sie können die Balance auf Dauer nur unter Aufbietung aller Kräfte halten.

In Thaur in Tirol sind die Palmstangen sogar mit einem kleinen geschnitzten Figürchen des Heilands auf dem Esel verziert. In diesem kleinen Dorf bei Innsbruck, das ein Hort vielfältigen Brauchtums ist, wird aber außer der Palmweihe am Morgen bei der

Das *Kirchleintragen* von Eisenkappel. Alljährlich am 1. Februar, am Vorabend zu Maria Lichtmeß, ziehen die Kinder von Eisenkappel mit ihren aus Papier gebastelten und von einer Kerze innen beleuchteten Kirchlein zum Vellachbach, wo sie ihre kleinen Kunstwerke dem fließenden Wasser übergeben.

Das *Striezelwerfen* von Stein im Kärntner Jauntal am Sonntag nach dem 5. Februar erinnert an Hildegard (Agatha) von Stein, die für die Armen eine offene Hand hatte. Vor und während der Messe werden gegen eine Spende *Agathenstriezel* abgegeben; der verbleibende Rest nach der Messe dann von der Scheune neben der Kirche in die Menschenmenge geworfen. Den *Striezeln* wird Heil- und Segenswirkung zugeschrieben.

Zur Erinnerung an den Einzug Jesu
in Jerusalem werden in Thaur und
in Hall in Tirol (auch in Puch bei
Hallein) bei der Palmprozession
geschnitzte Palmesel mitgeführt.
Palmbuschen oder Palmstangen,

In Kärnten, werden heute noch in der Fastenzeit Altäre mit *Fastentüchern* , auch *Hungertücher* genannt, verhüllt, die das Leiden Christi in Bildern darstellen und der Bevölkerung näherbringen sollten. Sie stammen aus der Zeit, als der Großteil noch Analphabeten waren. Zu den berühmtesten zählt das 1593 von Oswalt Kreuselius gemalte Millstätter Fastentuch, das jetzt in der Christkönigskirche in Klagenfurt hängt.

Rechte Seite: Am Spätnachmittag des Gründonnerstag und Karfreitag wird in Treßdorf im Mölltal von den männlichen Bewohnern des kleinen Ortes der Leidensweg Christi nachvollzogen. In der stummen Passion fehlen interessanterweise die Frauenrollen.

Einer Legende nach sollen Bauern zur Pestzeit in Osttirol (1635) gesehen haben, wie ein Widder den Tod besiegte, worauf ein Gelübde entstand, in der Kirche von Lavant regelmäßig einen Widder zu opfern. Die Pestepidemie soll danach bald aufgehört haben. Das Gelöbnis wird heute noch in den Gemeinden Virgen und Prägraten, in Kals und im Kärntner Ötting, das zur Pfarre Lavant gehört, gehalten. Der Widder wird aber heute versteigert.

Am Weißen Sonntag (1. Sonntag nach Ostern) tragen die Buben von Höchst in Vorarlberg bei der Erstkommunion den *Chappel*, ein aus Efeublättern gefertigtes Krönlein, zum Symbol, daß sie als Gotteskinder nun Königskinder sind.

Fronleichnam, das Fest der Einsetzung des Altarsakraments, wird im ganzen Land mit festlichen Prozessionen begangen; im weststeirischen Deutschlandsberg schmückt man sogar den Prozessionsweg, besonders aber die vier Evangelienaltäre, mit kunstvollen Blumenteppichen, die am frühen Morgen des Festtages gelegt werden.

In Hallstatt im
oberösterreichischen
Salzkammergut findet die
Fronleichnamsprozession etwa seit
dem Jahre 1623 auf dem See statt.
Ein Musikschiff und viele kleine
Boote begleiten die
Sakramentsfuhre. Auch auf dem
Traunsee wird seit etwa der

Der Brixentaler Antlaßritt zu Fronleichnam. Bei der Bevölkerung hat sich zwar überliefert, der Antlaßritt sei durch ein Gelübde im Dreißigjährigen Krieg entstanden, aber so manches, wie das Mitführen von Maien, das Schmücken der Pferde mit Lärchenzweigen und die Tatsache, daß er bereits 1655 als *alter Brauch* bezeichnet wurde, lassen auf einen sehr alten, später christianisierten Flurumritt schließen.

Palmeselprozession am frühen Nachmittag eine beinahe lebensgroße Figurengruppe, die in kunstvoller Schnitzerei Jesus in purpurfarbenem Kleid und rotem Überwurf auf einem Esel reitend zeigt, durch die Felder gezogen: Unter Teilnahme eines großen Teils der Dorfbevölkerung geht es von der Pfarrkirche hinauf zum Romedikirchlein, wo am Grab des Herrn gebetet wird. Dann wendet sich die Prozession wieder talwärts, Rum zu. Nach einer kurzen Andacht in der dortigen Kirche dürfen sich die Ministranten in der Sakristei nach alter Tradition mit Brezeln und Saft stärken. Unter weithin vernehmbarem Glockengeläut wird schließlich der Heimweg angetreten. Von diesem Zug durch die Auen und Felder, vielleicht an einem strahlenden Frühlingstag, sind sogar Leute beeindruckt, die sonst nicht viel von kirchlichen Festen halten. Solche Bräuche künden davon, daß der Dorf- und Gemeinschaftsgeist selbst in der Gegenwart noch religiös bestimmt ist.

Bevor in der Zeit der Aufklärung, Ende des 18. Jahrhunderts, solche bildhaften Bräuche verboten wurden, hatten viele katholische Kirchen ihre geschnitzten Palmesel, die aber dann im Feuer oder im Museum landeten. Heute werden in Österreich außer in Thaur nur noch in Hall in Tirol und in Puch bei Hallein ähnliche Palmeselprozessionen durchgeführt.

Palmsonntagsumzüge mit einem lebendigen Palmesel sind seit dem Jahr 970 belegt. Im Salzburger Lungau wurde 1968 in Thomatal die Urform dieser Palmeselumzüge wieder eingeführt. Dort sieht man am Palmsonntag den Ortspfarrer einen echten Esel besteigen. Inmitten einer ansehnlichen Prozession reitet der Geistliche, mit einem »Christusmantel« angetan, zur Kirche. Vor ein paar Jahren noch, als der inzwischen verstorbene, alte »Palmesel« noch lebte, zog er sogar damit in die Kirche ein, wo das Tier auch während der Messe im Hauptgang stehenblieb. Der neue Esel ist störrisch und mag nicht in die Kirche hinein, »er ist eben nicht katholisch«, meint der Geistliche Rat Pfeifenberger lachend. Die Bevölkerung hat viel Freude an diesem Brauch.

Fastentücher in Kärnten. In katholischen Kirchen wurden – und werden mancherorts noch immer – Kruzifix und Altarbild in der Fastenzeit mit Tüchern verhängt zum Zeichen dafür, daß die Gottheit Jesu während seines Leidens verhüllt ist. Um das Jahr 1000 wird der Brauch zum ersten Mal erwähnt, doch wurde er nach dem Mittelalter immer seltener. In romanischer Zeit bestickte man diese Fasten- oder Hungertücher, später wurden sie bemalt. Die Bilder hatten hauptsächlich die Leidensgeschichte Christi zum Gegenstand und dienten dazu, der Bevölkerung, die ja großteils nicht lesen und schreiben konnte, die Passion näherzubringen.

In Österreich hat sich der Brauch in Kärnten erhalten, wohin er durch einen aus Westfalen stammenden Bischof, der Mitte des 15. Jahrhunderts dem Gurker Bistum vorstand, gekommen sein soll. Die ältesten und berühmtesten sind das Fastentuch von Gurk (es wurde 1458 gefertigt und zeigt auf einer Fläche von 90 Quadratmetern etwa 100 Bilder) und das von Millstatt (mit 41 Bildfeldern, gemalt 1593 von Oswalt Kreuselius), das jetzt in der Christkönigskirche in Klagenfurt aufbewahrt wird.

Aber auch in anderen Kirchen wie St. Stephan am Krappfeld und Baldramsdorf am Lurnfeld werden derartige Tücher aufgehängt. In der Steiermark und in Tirol existieren nur noch wenige: z. B. ein sehr schönes im Heimatmuseum von Bruck bei Lienz.

Die Mölltaler Passion oder das Treßdorfer Kreuzziehen. In der bäuerlichen Siedlung Treßdorf, im mittleren Mölltal, wird jedes Jahr ein Leiden-Christi-Spiel veranstaltet, das mit den berühmten Passionsspielen von Erl oder Oberammergau nicht vergleichbar ist.

Beginnend am Gründonnerstag abend mit dem Gang Jesu und der Jünger Johannes, Petrus und Jakobus auf den »Ölberg« beim Dorfkirchlein, werden alle wichtigen Szenen aus der Leidensgeschichte, wie das Wecken der Jünger, der Verrat durch Judas, die Gefangennahme Jesu, der Urteilsspruch von Herodes und Pilatus, die Geißelung bis hin zum Kreuzweg und dem dreimaligen Hinfallen Jesu am Karfreitag, nachvollzogen. Bis zum Ende des 19. Jahrhunderts wurde auch die Kreuzigung noch gezeigt. Christus und die Schächer mußten stundenlang mit einem Stab durch die Ärmel am Kreuz hängen, so daß sie oft zusammenbrachen. Von 1891 an wurde diese Szene dann weggelassen und dafür ein kurzer Text in die vorher stumme Passion eingeführt. 1985 ist man jedoch wieder zur rein pantomimischen Darstellung zurückgekehrt.

Beteiligt an diesem »Schauspiel«, das für die gläubigen Mölltaler allerdings kein Spiel, sondern eine sehr ernste Handlung ist, sind nur männliche Ortsbewohner, und zwar aus allen Berufsschichten. Eine Frauenrolle gibt es hier nicht: Maria und Magdalena scheinen nicht auf. Während der beiden Weltkriege aber, als die Männer von Treßdorf im Krieg waren, führten Frauen und Mädchen die Passion durch, denn wenn sie ausgefallen wäre, hätte das möglicherweise Unglück gebracht.

Wann das »Treßdorfer Kreuzziehen« erstmals stattgefunden hat, ist nicht bekannt; es soll nach einem Gelübde im 17. Jahrhundert entstanden sein. Genaues wisse man aber nicht, meinen die Treßdorfer.

Das Widderopfer für die Kirche von Lavant. In der Kirche von Obermauern wird eine Tafel aufbewahrt, die eine Prozession zeigt: Dem Zug wird ein Schaf vorangeführt, und in der unteren Ecke des Bildes kämpft ein Widder mit einem Sensenmann, dem Symbol des Todes. Auf der Inschrift ist zu lesen: »Zu der Pestzeit nach Labant verlobt von den Gemeinden Firgen, Pregraten 1635.«

Einer Legende nach sollen Osttiroler Bauern zur Pestzeit gesehen haben, wie ein Widder den Tod besiegte, worauf sie ein Gelübde ablegten, in der Kirche von Lavant jährlich einen Widder zu opfern. Die Pest, die vorher derartig in der Gegend gewütet haben soll, daß z. B. in Virgen nur ein kleines Mädchen die Seuche überlebte, sei bald danach abgeflaut.

Das Gelöbnis des Widderopfers gilt heute noch in den Gemeinden Virgen und Prägraten – wobei die Prozession mit dem Opfertier aber nicht mehr nach Lavant, sondern nur noch nach Obermauern geht –, ferner in Kals und im Kärntner Ötting, das zur Pfarre Lavant gehört. Freilich wird der Widder schon lange nicht mehr geschlachtet, sondern an einem Sonntag um Ostern vor der Kirche versteigert oder verlost. Die Orte Virgen oder Prägraten wechseln sich im »Opfern« des Widders ab, was heißt, daß jeweils ein anderer Bauer das von der Gemeinschaft gespendete Jungtier liebevoll pflegt. Am Samstag nach Ostern wird das mehrmals gebadete, gebürstete und mit Blumen und Bändern geschmückte Tier zur Pfarrkirche gebracht, von wo die Prozession sich betend in Richtung Obermauern in Bewegung setzt; an der Wegkreuzung unterhalb von Obermauern wird sie bereits von den Wallfahrern aus der Nachbargemeinde erwartet. Gemeinsam ziehen dann alle zur Kirche von Obermauern. Während des Gottesdienstes steht der Widder in oder vor der Kirche; nach der Wandlung wird er dreimal um den Altar geführt. (Zur Zeit, als die Prozessionen noch nach Lavant gingen, waren die Tiere so dressiert, daß sie vor dem Altar niederknien konnten.) Am Sonntag darauf wird der Opferwidder nach dem Hochamt versteigert, neuerdings durch den Pfarrer verlost, wobei die Nachfrage nach den Losen so groß ist, daß sie schon Tage vorher ausverkauft sind. Der Erlös, der viel größer ist als der Wert des Widders, geht an die Kirche.

Chappeltragen der Erstkommunikanten in Höchst. Am Weißen Sonntag – das ist der Sonntag nach Ostern – gehen die katholischen Kinder der zweiten Schulklasse in Österreich erstmals, und zwar gemeinsam, zur hl. Kommunion. Das ist ein großes Fest für die Kleinen, die den ganzen Tag über gehörig gefeiert werden. Die zumeist Achtjährigen sind festlich angezogen: Die Mädchen tragen als kleine »Bräute Gottes« weiße Kleider und im Haar einen Blumenkranz, oft auch einen Schleier; die Buben bekommen für diesen Anlaß meist ihren ersten Anzug oder dunkle Samthose und Rüschenhemd.

Besonders feierlich geht es in Höchst in Vorarlberg zu: Um sichtbar zu machen, daß sie nun als Kinder Gottes Königskinder sind, tragen die Buben nach alter Tradition den Chappel, eine Art Krone aus Efeublättern. Die Mädchen dagegen sind überall in Österreich mit Kranz und Schleier geschmückt.

Die Herstellung des kunstvollen Efeugebildes ist im Brauch genau geregelt: Eine Gruppe Männer holt im sogenannten Rheinholz, dem Mündungsgebiet des alten Rheinlaufs in den Bodensee, die Blätter, wogegen die Frauen für die Fertigung zuständig sind. Sie kleben oder nähen die Efeublätter auf einen Kegelstumpf aus leichtem Karton und verzieren sie anschließend mit Goldstaub.

Der schöne Brauch des Chappeltragens zur Erstkommunion war vor der Jahrhundertwende im Großraum Bregenz verbreitet und soll bis 1983 auch in der Gemeinde Gaßau existiert haben. Auch die Ministranten hatten früher ein Chappel auf, was heute leider nicht mehr der Fall ist.

Fronleichnam. In Österreich wird Fronleichnam als Hochfeiertag begangen. Dem Fest liegt das Geheimnis des Gründonnerstags zugrunde: die Einsetzung des Altarsakraments. Mittelhochdeutsch »vron, fron« heißt »zum Herren gehörend«, und »licham oder lichnam« war »der lebende Leib«, der Herrenleib also, oder »corpus Christi«. Mit dem Fronleich-

namsfest sollte Gott feierlich gehuldigt und – später – in einer Prozession der Glaube an das heilige Geheimnis öffentlich bekundet werden.
Zur Zeit der Gegenreformation wurde die Fronleichnamsprozession nicht nur allgemein üblich, sondern sie erfuhr – ganz im Sinne des Barock – ihre zum Teil bis heute überlieferte prunkvolle Ausgestaltung. Sogar in unserem nüchternen Jahrhundert sind viele Orte noch auf eine prächtige und vielfältige Form bedacht. In Deutschlandsberg in der Weststeiermark z. B. werden entlang des Prozessionsweges Bilder und Ornamente und vor den vier Evangelienaltären »Teppiche« aus Blumen und Blättern ausgelegt. Am frühen Morgen des Festtages schaffen die Hausbesitzer ringsum diese kunstvollen Gebilde in jährlich neuen Mustern.
Berühmt ist auch die Fronleichnamsprozession in der Wiener Innenstadt, bei der seit Jahrhunderten Mitglieder der Regierung mitgehen.
In Traunkirchen und Hallstatt (seit 1623) im Salzkammergut wurden die Prozessionen auf den See verlegt. Zu dieser Besonderheit mag es aus Raummangel gekommen sein, da sich in den kleinen, steilen Gassen keine prächtige Prozession abhalten ließ.
In Hallstatt sieht der Festablauf heute so aus: Nach dem Hochamt und der ersten Station bei der Dreifaltigkeitssäule am Marktplatz findet das »Einschiffen« statt. Unzählige Boote begleiten die großen mit Blumen und Girlanden geschmückten Schiffe auf den See hinaus. Auf dem »Musikschiff« nimmt die Bergknappenkapelle Platz; die »Himmels- und Sakramentsfuhre« trägt den Pfarrer in seinem herrlichen barokken Ornat und das Allerheiligste. Bemerkenswert ist, daß diese beiden Schiffe nach altem Brauch zum Zeichen des Respekts handgerudert werden müssen. Dort, wo im Hochtal der Salzberg sichtbar wird, ist die zweite Station: Nachdem der Berg, dem die Hallstätter Brot und Wohlergehen durch die Jahrhunderte verdankten, gesegnet worden ist, bewegt sich die Prozession weiter in Richtung auf die Ortschaft Lahn zu. Wo früher das Sudhaus lag, ist die dritte Station. Als das Sudhaus noch stand, stieg man dort aus; heute wird der Segen vom Schiff aus erteilt. Die vierte und letzte Station ist am Seegelände vor dem Kriegerdenkmal. Dann begibt sich die Prozession wieder an Land, um in der Pfarrkirche um 11 Uhr nochmals eine Messe zu feiern.

Der **Brixentaler Antlaßritt.** Am Fronleichnamstag, kurz nach Mittag, treffen sich vor dem Dechantshof in Brixen im Tal ländliche Reitergruppen aus Kirchberg, Westendorf und Brixen. Ihre Pferde sind gruppenweise mit Eichen- und Lärchenzweigen oder anderem Laub sowie Blumen (hauptsächlich Almrausch, Pfingstrosen, Flieder und Margeriten, aber auch Kunstblumen) reich geschmückt. Die Reiter tragen Tracht.
Wenn die Glocken zu läuten beginnen und auch der Dekan von Brixen, der das Allerheiligste in der Hand trägt, aufgesessen ist, beginnt die Prozession mit einem Ritt um den Kastanienbaum vor dem Dechantshof. Dann geht's durch Brixen, angeführt von der Musikkapelle, die am Dorfende umkehrt, und weiter nach Lauterbach, Bockern, Spertendorf in Richtung Kirchberg.
Sind die Reiter auf der Höhe von Bockern zu sehen, fangen die Glocken von Kirchberg zu läuten an. Die Prozession wird von der Musikkapelle Kirchberg empfangen und durch den Ort geleitet. Beim Vorbeireiten am Kirchbühel schweigen Musik und Kirchenglocken, nur mehr das Sterbeglöcklein läutet. Am Fuß des Kirchbühels werden Reiter und Pferde gesegnet. Betend reitet der Zug weiter zum Klausenbach am Ortsrand von Kitzbühel. Die Geistlichkeit und die Reiter sitzen ab, während bei der Klausenkapelle (auch Schwedenkapelle genannt) die vier Evangelien gelesen werden und der Wettersegen erteilt wird.
Wenn dann die Pferde getränkt worden sind und die Reiter sich traditionsgemäß mit Sauermilch und Brot gestärkt haben, geht es zurück in die Heimatgemeinden. Kommen die Brixner und Westendorfer Gruppen dann am späten Nachmittag wieder zurück zum Kastanienbaum vor dem Dechantshof, wird er nochmals umritten. Dann wird das Allerheiligste wieder in die Kirche getragen.
Das Wort »Antlaß« kommt von Ablaß oder »Entlassen aus der Buße«, und als Antlaßtag galt der Überlieferung nach der Gründonnerstag, der Tag der Einsetzung des Altarsakraments. In der Gegenwart meint man damit aber das Fronleichnamsfest. Es heißt, die Entstehung des Flurrittes, der übrigens bei jedem Wetter stattfindet, soll auf ein Gelübde im Dreißigjährigen Krieg zurückgehen, das anläßlich der Vertreibung der schwedischen Reiter abgelegt wurde. Dies erscheint aber schon deshalb unwahrscheinlich, weil der Antlaßritt bereits 1655 als »lange geübter Brauch« erwähnt wird. Demnach wird es sich eher um einen altgermanischen Brauch handeln. Auch die mit Laub und Blumen geschmückten Pferde und das Umreiten des alten Kastanienbaumes deuten darauf hin, daß der Ritt durch oder um die Felder ursprünglich ein Fruchtbarkeitskult war, der dann später »christianisiert« wurde.

WENN DER FRÜHLING KÖNIG DER NATUR IST

Der **Maibaum.** Während in Oberbayern fast in jedem Ort ein Maibaum als Wahrzeichen oder Symbol der Stärke errichtet wird, ist der Maien in Österreich nur regional vorhanden: Dieser alte Frühlingsbrauch ist um so seltener anzutreffen, je weiter man nach Westen kommt.
Ähnlich wie bei anderen Bräuchen, die dem Baum oder grünen Zweigen Symbolcharakter zuerkennen – vgl. Weihnachtsbaum, Rute des Tages der Unschuldigen Kinder, Palmbuschen –, bringt auch der Maibaum als Symbol allen Lebens, als Spender der Fruchtbarkeit, dem Ort, in dem er steht, Glück und Segen. Darüber hinaus stellt man nach alter Tradition den Maibaum zu Ehren einer bestimmten Person (Honorarpersönlichkeit) oder zugunsten eines jungvermählten Paares (für den Kindersegen) auf.
Zuständig für die Errichtung des Maien sind die jungen Burschen des Ortes. In manchen Gegenden wollte es die Tradition, daß der aufzustellende Baum gestohlen sein mußte, sollte sich seine volle Wirksamkeit entfalten. (Ihr nachzukommen, wäre heutzutage wohl unzumutbar.) Anderenorts soll er unbedingt in der Nacht zum 1. Mai gehackt und am nächsten Morgen aufgestellt werden. In der Zwischenzeit muß er sorgfältig bewacht werden, denn wenn der Maibaum von Burschen aus Nachbargemeinden gestohlen wird, haben die Besitzer nicht nur die Schande zu tragen, ihn zu suchen und auslösen zu müssen; zu allem Überfluß machen sich die Diebe mit dem auf diese Weise erworbenen Geld auch noch einen lustigen Tag im Wirtshaus. Wer von den Burschen dann vom Wipfel des aufgestellten Baumes mit glattem Stamm die Wurstkränze, Weinflaschen oder andere Trophäen herunterholen kann, wird sich im Ruhme seiner Geschicklichkeit lange Zeit sonnen.
Wie lange der Maibaum stehenbleibt, ist sehr unterschiedlich, manchenorts bis zum Kirchweihfest oder einem anderen Feiertag, oft nur bis Monatsende. In einigen Gegenden Österreichs, so z. B. im Wechselgebiet, am Semmering und rund um den Schneeberg (z. B. Puchberg am Schneeberg) wird das Maibaumschneiden Ende des Monats noch festlicher gestaltet als das Aufstellen und ist wiederum mit einer Reihe von Bräuchen verbunden.
Im Burgenland ist es in einem Teil von Deutschkreuz zudem noch üblich, in der Nacht zum 1. Mai kleine Maibäumchen neben Bildstöcke und Heiligenstatuen zu setzen.
Leider wurde der Maibaum wie die Sonnwendfeuer während des Tausendjährigen Reiches für Feiern mit politischem Hintergrund mißbraucht.

Kufenstechen und Lindentanz in Feistritz an der Gail. Zu Pfingsten, dem Fest der Herabkunft des Heiligen Geistes, tritt die kirchliche Liturgie im Brauchtum nicht besonders hervor; wohl aber wurde Pfingsten zum Symbol des Frühlings selbst, da auf die Feiertage mehrere Mai- und Frühlingsfeste entfallen. So werden friedliche Wettkämpfe und Kampfspiele veranstaltet, in denen die besten, stärksten oder geschicktesten Burschen des Dorfes oder der Gegend ermittelt werden. Beispiele dafür sind das Wettrennen und Kranzlreiten in Weitensfeld und das besonders spektakuläre Kufenstechen in verschiedenen Orten des Kärntner Gailtals wie in Egg, Vorderberg, Saak, Nötsch und anderen.
Am eindrucksvollsten ist es aber wohl in Feistritz an der Gail, wo man dieses Reiterspiel am Nachmittag des Pfingstmontags gleich zweimal hintereinander, zuerst in Oberfeistritz und anschließend in Unterfeistritz, beobachten kann. Auch hier sind die ledigen Burschen des Dorfes (sie werden auch Konta genannt, d. h. Zechburschen, was auf Jungmännerbünde im 17. Jahrhundert zurückzuführen ist) für die Organisation dieses Festes verantwortlich. Am Vorabend, also am Pfingstsonntag abend, wird ein Rundpfahl auf einem Platz mit weichem Boden aufgestellt und während der ganzen Nacht bewacht, denn er könnte von Burschen der Nachbardörfer gestohlen werden, was sehr ehrenrührig ist. Am nächsten Tag befestigt der Kufenwart daran eine etwa 80 Zentimeter hohe Kufe aus starkem Eichen- oder Fichtenholz, und zwar so, daß sie drehbar ist. Unterdessen ziehen die Mädchen

und Burschen in ihren Gailtaler Trachten, feierlich begleitet von der Musikkapelle, in die Kirche, um die Messe zu hören. Anschließend wird der Kirchtagswein geweiht, und gegen 14 Uhr beginnt dann das Kufenstechen. Dabei gilt es, vom galoppierenden, ungesattelten Pferd aus die Kufe, die vom Kufenwart immer wieder gedreht wird, mit einer Keule zu zerschlagen. Meistens geht sie zwischen dem 20. und 30. Schlag in Trümmer. Sieger ist, wer das letzte Holzbrett herunterschlägt. Er muß dann aber immer noch die Trophäe, einen Ehrenkranz aus Kunstblumen, Bändern und Maschen, der dem Kufenwart von zwei Ehrenjungfrauen in einer Zeremonie überreicht wird, stechen, d. h., der Kufenwart hält dem Reiter die Trophäe entgegen, und dieser muß sie im Vorbeigaloppieren mit der Keule aufnehmen. Das ist aber ein eigenes Spiel, bei dem auch alle anderen Wettkämpfer mitmachen: Der Kufenwart hält den Kranz jedem vorbeigaloppierenden Reiter entgegen, um ihn dann plötzlich wieder zurückzuziehen. Das geht eine Zeitlang so, bis dann der Sieger etwa zum dritten Mal vorbeikommt und den Kranz aufnehmen darf.

Der Kranzlträger eröffnet anschließend den Tanz unter der Linde. Seine Partnerin wird damit zur Kranzljungfrau. Schon Wochen vor dem Kirchtag hat man ausgemacht, wer bei diesem Fest mit wem tanzt. Anschließend ziehen die Paare nach Unterfeistritz, wo sich Kufenstechen und Lindentanz wiederholen. Und dann wird gefeiert und getanzt bis in die frühen Morgenstunden.

Die Gailtaler Bevölkerung hat mehrere Legenden überliefert, welche die Entstehung des Kufenstechens in Zusammenhang mit den Türkeneinfällen des 15. und 16. Jahrhunderts bringen. Sie sind aber insgesamt unwahrscheinlich und ob ihrer Dramatik eher zur Unterhaltung geeignet, vielleicht auch nur zu diesem Zwecke erfunden worden. Und das ist eine der Versionen: Die Türken hatten bei einem ihrer letzten Einfälle in der Nähe von Villach ein befestigtes Lager gebaut, von dem aus sie Raubzüge unternahmen, Kirchen schändeten, Äcker verwüsteten und bei der Bevölkerung Furcht und Schrecken verbreiteten. Die Gailtaler Bauern, die immerhin ihre berühmten Norikerpferde hatten, wehrten sich, so gut sie konnten, und verteidigten den Heimatboden tapfer. Besonders habe sich ein Bauer aus Saak (aus der Gemeinde Nötsch, unweit von Feistritz) hervorgetan, indem er mit einem feurigen Rappen bis in die Mitte des Feindeslagers gelangt sei und dem Anführer der Türken den Kopf abgeschlagen habe.
Um später der Heimatgemeinde zu demonstrieren, wie ihm dieser Streich gelungen sei, wurde eine Tonne auf einen Pfahl gesteckt: Der Saaker ritt in gestrecktem Galopp vorbei, um mit einem Hieb die Tonne zu zerhauen. Alle anderen wollten es ihm gleichtun und folgten seinem Pferd. Und so verliert noch heute der Türke symbolisch an jedem Kirchtag seinen Schädel.
Tatsächlich dürften mehrere Bräuche in der heutigen Form des Kufenstechens aufgegangen sein: Bereits zur Römerzeit waren die im Gailtal gezüchteten Norikerpferde berühmt, und so ist es nicht abwegig, einen der Ursprünge des Brauches im Interesse der Pferdezüchter zu sehen, die Zuchtergebnisse im Rahmen eines Wettstreites vorzustellen. Solche Vorführungen waren verbunden mit Geschicklichkeitsprüfungen der Reiter, wie sie auch germanischen Bräuchen zugrunde liegen und im Ringstechen überliefert sind. Und da früher im Gailtal nach einem mit Wasser gefüllten Faß gestochen wurde, so daß bei jedem Treffer der Reiter mit Wasser bespritzt wurde, könnte zudem ein Wasserkult von Bedeutung gewesen sein, da ja zu Pfingsten, in der Zeit des stärksten Wachstums, dem Wasser ganz besondere Kraft zugeschrieben wird, was einem Fruchtbarkeitskult entspräche. Der Glaube daran ist bei der Bevölkerung noch lebendig.

Der Pfingstkönig von Arbesthal. Auf Initiative der Mundartdichterin Leopoldine Rupp wurde 1979 in Arbesthal nahe Bruck an der Leitha ein alter Brauch wiederbelebt, der fast fünfzig Jahre lang vergessen war: das Pfingstkönigtragen. Der Pfingstkönig wird dargestellt von einem ganz mit Hasellaub behangenen Burschen oder Buben, oder besser gesagt, dieser schlüpft in ein sorgsam vorbereitetes Gestell aus Zweigen und frischem Laub. Während es früher nur den Pfingstkönig der Burschen gab, wählen nun auch die Schulbuben einen eigenen Pfingstkönig.
Am frühen Nachmittag des Pfingstmontags, meist um 14 Uhr, trifft sich die Dorfjugend mit ihren beiden Königen und die Volkstanzgruppe am Ortsrand, um, angeführt von der Musikkapelle, durch die geschmückten Straßen zu ziehen. An verschiedenen Plätzen wird haltgemacht, die Pfingstkönige werden in die Mitte genommen und von der Gruppe umtanzt. Nachdem der Pfingstkönigsspruch aufgesagt ist, singen alle gemeinsam das Pfingstköniglied, in das die Zuschauer einstimmen:

Mir reisen dahin und mir reisn daher,
mir reisn daher, mir reisn daher
und bringen den schönstn Pfingstkini daher,
den schönstn Pfingstkini daher.

Und wer wohl den schönstn Pfingstkini will habn,
Pfingstkini will habn, Pfingstkini will habn,
der muaß ja drei goldane Pfennigl habn,
drei goldane Pfennigl habn!

Drei goldane Pfennigl san a schwar's Geld,
san a schwar's Geld, san a schwar's Geld,
den Pfingstkini habn mir g'fundn in der weiteren Welt,
in der weiteren, weiteren Welt.

Das wiederholt sich dann noch einige Male an verschiedenen Plätzen, bis nach etwa einer Stunde der Umzug am Festplatz hinter der Kirche angekommen ist. Dort werden die Pfingstkönige versteigert.
Während heute Mitglieder des Heimatbundes das Fest organisieren und auch das Laubgestell bauen, war das früher Anliegen der Burschenschaft, die am Tag vorher einen Wettlauf veranstaltete. Der Sieger durfte dann am nächsten Tag den Pfingstkönig tragen.
Pfingstköniggestalten, die durch Wettspiele ermittelt wurden, gab es früher in vielen Orten Niederösterreichs, und zwar mit Schwerpunkt im nordwestlichen Weinviertel, im Waldviertel und im Wiener Becken, wobei es zunächst nur »Pfingstkönigsreiter« gegeben zu haben scheint, von denen bereits im 16. Jahrhundert berichtet wird. Außer in Arbesthal wird heute nur noch in Patzmannsdorf (bei Mistelbach), wohin

der Brauch allerdings erst 1872 gekommen sein soll, am Pfingstmontag ein Pfingstkönig durch den Ort geführt. Die Bevölkerung sieht in ihm die Gestalt des Frühlings, der nun König der Natur ist – eine Art Personifizierung der Vegetationskräfte des Frühlings.

Das Zillertaler Gauderfest. Am ersten Wochenende im Mai wird in Zell am Ziller das auf 400jähriger Tradition beruhende größte Volksfest des Zillertals, das Gauderfest, gefeiert. Einst war es ein Frühlingsfest, das vom Besitzer des Zeller Brauhauses, einer der ältesten Brauereien Tirols, veranstaltet wurde. Im Gauderhaus, das seinen Namen von einem alten Bauernanwesen hat, wurde aus diesem Anlaß alljährlich ein besonders starkes süffiges Bockbier ausgeschenkt, zu dem die herzhaften Gauderwürste besonders gut schmeckten.

Um die Jahrhundertwende wurden auch andere Frühlingsbräuche, die bereits lange Zeit, bevor es das Gauderfest im Zillertal gab, in der Gegend gepflegt wurden, in das Fest mit eingebunden: z. B. das Grasausläuten, wofür eigentlich Gregori (23./24. April) der traditionelle Termin wäre, sowie Hahnenkämpfe und Widderstoßen. Früher wurde im Frühling in den Gärten der Bauernhöfe der »Hogmoar« (der beste Widder) ausgestoßen.

Nachdem der Verkehrsverband Zell am Ziller das Fest in sein Programm aufgenommen hatte und das Gauderhaus zu klein geworden war, wurde nach und nach der halbe Ort Zell zum Festplatz. Seit 1950 wird das Gauderfest in größerem Rahmen und mit einem Festzug, der historische Begebenheiten des Tales in Erinnerung bringt, gefeiert: Sobald am Samstagmittag mit dem Einzug des Bierwagens und dem feierlichen Anstich des ersten Fasses Gauderbier das Fest eröffnet ist, gibt es in den Wirtshäusern Musik und Tanz. Abends findet ein Frühjahrskonzert der Musikkapelle statt. Nach dem Frühschoppenkonzert und den Vorentscheidungen der Widderkämpfe am Sonntag vormittag zieht dann etwa um 13 Uhr der große Festzug durch den Ort.

Höhepunkt des Gauderfestes ist das Preisranggeln am Sonntag nachmittag, bei dem Burschen aus Tirol, Bayern und Salzburg ihre Kräfte messen. Dieses Raufen nach Regeln ist ebenfalls ein alter Volksbrauch, der sich aber keineswegs auf Tirol beschränkt, sondern besonders auch im Kärntner Nockgebiet und im Salzburger Pinzgau gepflegt wird: Das Jakobi-Ranggeln am 25. Juli auf dem 2100 m hohen Hundstein bei Zell am See gilt als einer der berühmtesten Wettkämpfe überhaupt.

Sonnwendfeuer. Bei vielen Naturvölkern bestand einst die Vorstellung, daß man über Naturkräfte Gewalt erlangen könnte, indem man sie nachbildete. Und da man im irdischen Feuer eine Abbildung des »Sonnenfeuers« sah, glaubte man mit ihm Einfluß auf die Sonne nehmen zu können. So sollte durch das Abbrennen eines Feuerstoßes oder Abrollen glühender Räder über Berghänge die segenbringende, heilende, fruchtbringende Sonnenkraft für Felder, Vieh und Menschen beschworen werden. Aus diesem Glauben entstanden auch die sogenannten Notfeuer, die z. B. von Viehzucht treibenden Völkern abgebrannt wurden, um Seuchen zu bannen; das geschah zunächst nur beim Ausbruch einer Viehseuche, später vorbeugend zu einer festgesetzten Zeit, z. B. zur Sonnenwende.

Aber auch die weiteren Jahresfeuer, die im Bezug zum Bauernjahr stehen, wie das bereits beschriebene Funkenabbrennen, wurzeln in dieser Vorstellung.

Später wurde diese Sonnenverehrung großteils ins christliche Brauchtum integriert, und so werden zur Zeit des höchsten Sonnenstandes heute noch in allen Gegenden Österreichs Höhenfeuer entzündet. Ob sie nun als »Sonnwendfeuer« (Samstag oder Sonntag nach dem 21. Juni bzw. früher 24. Juni), als Sankt-Veits-Feuer (um den 15. Juni), zu Ehren des hl. Johannes (24. Juni) oder als Peterlfeuer zu Peter und Paul (29. Juni) – oder sowohl als auch – stattfinden, der Ursprung ist der gleiche.

Wiederholt wurden die Sonnwendfeuer von antiklerikalen Gruppen politisch mißbraucht, so daß sie dann mit den Höhenfeuern zu Ehren von Heiligen konkurrierten. Und das tun sie gewissermaßen wohl auch heute noch, obgleich den meisten Jugendlichen, die begeistert mitmachen, dieser Umstand keineswegs bewußt ist; es ist ihnen auch völlig gleichgültig, wie ihre Feuer genannt werden.

Seit dem Ende des 19. Jahrhunderts sieht man in Tirol, wo die Sonnwendfeuer zeitweise verboten waren, auch Herz-Jesu-Feuer in Form von christlichen Symbolen (IHS, Kreuz, Herz Jesu), die am Samstag nach dem Herz-Jesu-Tag, das ist der zweite Freitag nach Fronleichnam, abgebrannt werden. Die ersten Herz-Jesu-Feuer im Lande wurden 1876 anläßlich der 80-Jahr-Feier der Weihe des Landes Tirol an das Heiligste Herz Jesu veranstaltet. Auch heute noch werden sie oft von katholischen Jugendvereinen organisiert und haben Bekenntnischarakter; für die Feuer, die an einem Samstagabend vor oder nach dem Tag der Sonnenwende oft auf den höchsten Berggipfeln brennen, sind heute die Bergsteigervereine des sogenannten »Sonnwendrings« zuständig.

Das Aufstellen eines Maibaumes als Symbol allen Lebens, Spender aller Fruchtbarkeit, Mittelpunkt der Feste, ist in allen Teilen Österreichs Brauch. Seit Jahrzehnten wird der Maibaum aber leider für Maifeiern zu politischen Zwecken benützt.

Kufenstechen und *Lindentanz* in Gailtaler Tracht am Pfingstmontag in Oberfeistritz. Das Gailtaler Kufenstechen ist ein sportlicher Wettkampf, bei dem es darum geht, vom galoppierenden Pferd aus eine Kufe zu zerschlagen. Darauf folgt das *Kranzlstechen.* Der Sieger, der *Kranzlträger,* eröffnet mit der *Kranzljungfrau* den anschließenden *Tanz unter der Linde.*

RM

Am Pfingstmontag ziehen die Pfingstkönige, ein Schulbub und ein älterer Bursch, eingehüllt in ein Geflecht aus frischen Haselzweigen als Huldigung an den Frühling, der nun *König der Natur* ist, durch das niederösterreichische Arbesthal.

Ein jährliches Brauereifest entwickelte sich zum größten Volksfest des Zillertales: das *Gauderfest* in Zell am Ziller am ersten Sonntag im Mai. Bilder rechte Seite: Zu seinen Höhepunkten gehören das *Ranggeln*, ein Raufen nach Regeln, und das *Widderstoßen*. Bild linke Seite: Zillertalerin mit Trachtenhut.

Brot

Zur Zeit des höchsten Sonnenstandes werden in allen Gegenden Österreichs – auf dem Bild im Vorarlberger Klostertal – Höhenfeuer entzündet. Ob sie nun als *Sonnwendfeuer*, als *Herz-Jesu-Feuer*, als *Johannisfeuer* zu Ehren Johannes des Täufers oder etwas später als *Peterlfeuer* für Peter und Paul brennen, der Ursprung dieser teils christianisierten Mittsommerfeuer, ist wohl der gleiche.

SOMMER, ZEIT DER PROZESSIONEN

Prozession in Maria Luggau. Bittgänge oder Flurumgänge hat es schon in heidnischer Zeit gegeben. Später wurden hohe christliche Feiertage auf diese Weise festlich begangen. Die großartige Ausführung des Prozessionsbrauchtums jedoch, wie wir sie aus den katholischen Alpenländern kennen, erfolgte erst während der Gegenreformation. Prozessionen zu Ehren eines Heiligen waren im süddeutschen und österreichischen Raum nicht nur eine willkommene Gelegenheit zur barocken Prachtentfaltung, sondern zeitweise sogar zur Demonstration kirchlicher und politischer Macht. Der protestantischen Gefahr aus dem Norden sollte die Apotheose des Katholizismus entgegengesetzt werden. Dieser Hintergrund ist längst in Vergessenheit geraten, doch gehören Schützen und Fahnen auch heute noch zu jeder Prozession. Die »Lesachtaler Prozession« ist ein gutes Beispiel dafür.
Prozessionen und Zeremonien werden immer noch möglichst »schön« begangen. Wer immer eine Festtagstracht besitzt, wird sie aus diesem Anlaß tragen. Und je weiter westlich man in Österreich kommt, desto häufiger sieht man Frauen in heimatlicher Tracht; im Bregenzer Wald besitzen sogar viele Kinder kostbare Gewänder.

Das Prangstangentragen im Lungau. In zwei benachbarten Orten im Lungau, und zwar in Zederhaus zu Johanni (24. Juni) und in Muhr zu Peter und Paul (29. Juni), ist bei dem Umgang ein besonders schöner Prang Tradition. Meist werden mehr als ein Dutzend 6 bis 8 Meter hohe Prangstangen mitgetragen, die mit Girlanden aus etwa 40.000 Blumen kunstvoll umwunden sind und zwischen 45 und 80 Kilogramm wiegen. Getragen werden dürfen sie nur von ehrenwerten, ledigen jungen Männern des Dorfes: Wer etwa Alimente zu zahlen hat, scheidet bereits aus. Die Burschen sind in Tracht gekleidet und tragen um die Schultern das Prangtuch, das ist eine feste weiße Schärpe, in die die Prangstange eingehängt wird. Nach der Prozession werden die Stangen in die Kirche getragen und bleiben dort bis zum Hohen Frauentag, dem 15. August.
Hauptsächlich sind es Bauernfamilien, die die Prangstangen herstellen; es gibt aber viele freiwillige Helfer. Bereits etwa eine Woche vor dem Fest beginnen Kinder und Frauen mit dem Pflücken der Wiesenblumen, bevorzugt Margeriten, Arnika, Steinnelken, Enzian, Frauenmantel, aber auch andere, die dann noch durch Pfingstrosen ergänzt werden; Frauenarbeit ist auch das Binden der Girlanden, während das Wickeln der Stangen Angelegenheit der Männer ist. Insgesamt werden etwa 300 Arbeitsstunden für das Schmücken einer Stange aufgewendet, nicht mitgerechnet das Pflücken der Blumen.
Über den Ursprung der Prangstangen und wann sie das erste Mal gebunden wurden, weiß man nichts Genaues. Es könnte sich auch hier um einen heidnischen Brauch handeln, der dann später christianisiert und zur feierlichen Ausgestaltung von Prozessionen übernommen wurde. Fragt man die Lungauer, wird man immer dasselbe zu hören bekommen: Der Brauch sei nach einem Gelübde während einer Heuschreckenplage entstanden. Vor mehreren hundert Jahren sollen eines Sommers Käfer und Heuschrecken in großen Schwärmen eingefallen sein, die die Bäume kahlfraßen und die Ernte vernichteten. Und damals hätten die Bauern das Gelübde getan, Bäume und Heuhiefler mit Blumen zu umwinden, sobald die Insektenplage aufhören würde. Und seit dieser Zeit sei das Gelübde jedes Jahr erfüllt worden. So hoch wie heute dürften die Stangen allerdings früher nicht gewesen sein, sonst hätten sie damals in der alten Kirche wohl nicht Platz gehabt.
Auch in einigen Orten des Pongaus werden Prangstangen an hohen Festtagen bei der Prozession mitgetragen, sie sind aber überwiegend mit Wolle geschmückt und ihr Wipfel ist nach unten gebogen.
Sechs mit Blumen umwickelte Prangstangen, dort Fronleichnamsstangen genannt, schmücken auch in Rohr im Gebirge (Niederösterreich) die Fronleichnamsprozession; sie sind allerdings nur etwa 4,5 m hoch und bis zu 40 Kilogramm schwer. Salzburger

Holzknechte, die in josephinischer Zeit dort angesiedelt wurden, sollen den Brauch dorthin gebracht haben, heißt es einerseits; andererseits hört man, er sei zur Pestzeit entstanden.

Notburgaprozession in Eben am Achensee. Notburga von Eben, so erzählt die Legende, sei als Kind einfacher Leute 1265 in Rattenberg am Inn geboren worden und als Achtzehnjährige in den Dienst Heinrichs von Rottenburg getreten. Dort habe sie sich wegen ihrer Mildtätigkeit aber nach kurzer Zeit den Groll der Schloßherrn zugezogen. Als sie den Armen wieder einmal Brot und Wein bringen wollte und von ihren Dienstgebern dabei ertappt wurde, soll sich der Wein in Lauge und das Brot in Hobelspäne verwandelt haben. Ihre Brotgeber seien darob so verärgert gewesen, daß sie das Mädchen entlassen hätten. Von diesem Zeitpunkt an sei ein Unglück nach dem anderen über das Schloß hereingebrochen.

Notburga habe sich dann bei einem Bauern in Eben verdingt, aber zur Bedingung gestellt, daß sie nach dem Abendläuten nicht mehr arbeiten müsse, um im nahen Rupertikirchlein beten zu können. Als eines Samstag abends der Bauer trotzdem darauf bestand, sie solle das Aveläuten überhören und den Weizen fertigschneiden, sagte Notburga: »Das kann nur Gott entscheiden.« Daraufhin habe sie ihre Sichel in die Luft geworfen, und diese sei an einem Sonnenstrahl hängengeblieben.

Nach einigen Jahren habe man Notburga wieder auf Schloß Rottenburg zurückgeholt, wo sie 1313 starb. Zwei Ochsen sollen den Sarg mit ihrem Leichnam selbständig zum Rupertikirchlein gezogen haben, in dem Notburga so oft gebetet hatte.

Bereits unmittelbar nach ihrem Tode wurde sie wie eine Heilige und als Beschützerin der Dienstboten und des Bauernstandes verehrt. Heiliggesprochen wurde sie nicht, wohl aber wurde der Kult um sie 1862 anerkannt; ihre Verehrung also vom Papst genehmigt. Am Sonntag nach dem Notburga-Tag, dem 14. September, wallfahrten noch heute so viele Gläubige nach Eben am Achensee, daß die Kirche für alle zu klein wäre und vom Balkon des Mesnerhauses, einem Bauernhof neben der Kirche, gepredigt wird. Bei der anschließenden Prozession wird Notburga nicht nur als Statue durch die Felder getragen, sondern ein Mädchen mit sanftem, schönem Gesicht darf die verehrte legendäre Gestalt personifizieren.

Die Prozessionen, Bittgänge oder Flurenumgänge an hohen Feiertagen der katholischen Kirche haben in der Zeit der Gegenreformation (Mitte 16. bis Mitte 17. Jh.) – auch der Barockzeit entsprechend – ihre prunkvolle Ausgestaltung bekommen.

Auch erfuhren zur Zeit der Gegenreformation nicht nur die Fronleichnamsprozessionen allgemeine Verbreitung und erhielten besonderen Bekenntnis- und Demonstrationscharakter, auch viele weitere Flurumgänge zu Ehren von Heiligen, zu Ehren des Kirchenpatrons und dergleichen haben ihren Ursprung in dieser Epoche. Auf den Bildern: Marienfest in Maria Luggau im

Prangstangen in Muhr. Acht Meter hoch, bis zu 80 Kilogramm schwer und mit etwa 40.000 Blüten umwunden sind die Prangstangen von Muhr, die am 29. Juni (Peter und Paul) bei der Prozession von den unverheirateten Burschen des Dorfes mitgetragen werden. Herkunft und Entstehung des Brauches sind nicht bekannt; bei der Bevölkerung hat sich

überliefert, er hätte seinen
Ursprung in einem Gelübde
während einer Heuschreckenplage.

Auch im Pongau (auf dem Bild
rechts in Mühlbach am Hochkönig)
werden an hohen Festtagen
Prangstangen, allerdings nur mit
Wolle umwickelt und somit
oftmals verwendbar, mitgetragen;
ihre Wipfel sind nach unten
gebogen.

Am Sonntag nach dem 14. September wird in Eben am Achensee in Verehrung für die legendäre Notburga eine feierliche Prozession abgehalten. Die Sichel in ihrer Hand erinnert an folgende Legende: Als sie eines Abends beten gehen wollte und der Bauer, bei dem sie arbeitete, darauf bestand, sie müsse den Weizen fertigschneiden, meinte Notburga, das solle Gott entscheiden und warf ihre Sichel in die Luft, die an einem Sonnenstrahl hängenblieb.

Am ersten Sonntag im Juli zum Hauptfest der Isidorbruderschaft in Mieming in Tirol findet alljährlich ein Flurumgang statt, dessen Mittelpunkt ein Ferculum mit der Darstellung einer Legende um den heiligen Isidor ist: Engel sollen das Ochsengespann des Bauern geführt haben, weil er, ins Gebet vertieft, seine Arbeit versäumte. Heiligenfigur und Gespann sind aus Holz geschnitzt, die Engel werden von kleinen Buben dargestellt.

Bäuerin in Lofer mit dem *Kräuterbuschen* auf dem Weg zur *Kräuterweihe* am 15. August, dem *Hohen oder Großen Frauentag.* Die geweihten und somit Heil- und Segenskraft symbolisierenden Kräuter werden zum Teil unter das Viehfutter gemischt.

Isidorprozession in Untermieming. Der hl. Isidor war ein fleißiger, gottesfürchtiger Bauer, der in der Nähe von Madrid lebte, wo er 1070 geboren worden sein soll und mit sechzig Jahren auch gestorben ist. Er soll so fromm gewesen sein, daß, als er eines Tages ins Gebet vertieft, seine Pflichten versäumt habe, zwei Engel erschienen sein sollen, um inzwischen den Pflug zu führen. 1622 sprach Papst Gregor XV. Isidor heilig.

Wenige Jahre später, 1643 wurde in Mieming in Tirol die Isidorbruderschaft gegründet, die heute noch existiert. Das Hauptfest dieser Bruderschaft, das auch das größte Kirchenfest des Ortes darstellt, wird jeweils am 1. Sonntag im Juli mit einem Flurumgang gefeiert. Dabei wird auch eine aus Holz geschnitzte Statue des hl. Isidor mit seinen aus der Legende herrührenden Attributen, dem von zwei Engeln geführten Pflug, mitgetragen. Der Pflug und die beiden Öchslein sind aus Holz geschnitzt; die Engel werden von zwei kleinen Buben dargestellt.

Kräuterweihe. Pflanzen haben, so heißt es im Volksmund, wenn sie in der Mitte des Monats August gepflückt werden, besondere Heilkräfte. Und so ist es nicht verwunderlich, daß die Kirche sich anbot, am Festtag »Maria Himmelfahrt« – auch Großer oder Hoher Frauentag genannt – diese Kräuter zu weihen: ein Brauch, der sich besonders im Westen Österreichs in vielen Orten erhalten hat.

Welche Kräuter, meist kunstvoll zu einem Buschen gebunden, zur Weihe vor oder während des Hochamts getragen werden, ist gebietsweise verschieden. In der Gegend von Lofer z. B. sollte ein großer Kräuterbuschen, auch Frauenbuschen genannt, aus 72 Kräutern bestehen. Heute ist aber nur mehr der kleine Buschen üblich, der nach alter Überlieferung mindestens folgende Kräuter enthalten muß: Arnika, Brandkraut, Kamille, Pannonischer Enzian, Pfefferminz, Schafgarbe, Wilder Dost, Waldmeister und Zinnkraut; dazu kommen manchmal noch Gartenwermut und Hollunder, wenn er ausnahmsweise so spät noch blüht.

Die geweihten Buschen werden nach Hause getragen, die Kräuter getrocknet und teils dem Vieh ins Futter gestreut, um es gegen Krankheiten widerstandsfähig zu machen, und teils beim Räuchern zu Weihnachten und Neujahr mitverbrannt, was ebenfalls Glück und Segen bringt. Nicht mehr üblich ist heute das Verbrennen vor einem drohenden Unwetter.

In Vorarlberg – z. B. in Hard, Lochau und Höchst – werden auch gerne Garten- und Feldgemüse wie Gelbe Rüben, Kohlrüben, Rettich, Zwiebeln und Suppen- und Gewürzkräuter zur Weihe getragen.

VON SCHÜTZEN, ZÜNFTEN, BURSCHENSCHAFTEN

Das Fahnenschwingen von Neckenmarkt. Als es 1620, zu Beginn des Dreißigjährigen Krieges, zwischen dem kaisertreuen Grafen Nikolaus von Esterházy und dem ungarischen Rebellenkönig Bethlen Gabor bei Lackenbach zur Schlacht kam, trugen Männer aus Neckenmarkt entscheidend zum Sieg bei. Zum Dank dafür brauchten sie künftig an ihren Grundherrn nicht mehr so viel Abgaben zu entrichten und erhielten »auf ewige Zeiten« das Privileg, an Feiertagen in der blauen Heiduckenuniform, mit Gewehren und der Esterházyschen Fahne auszurükken. Die erste Fahne hat Graf Nikolaus Esterházy den Neckenmarktern eigenhändig überreicht: Die linke Seite des Fahnentuches war mit dem Wappen der Esterházy, die rechte Seite mit dem Wappen des römisch-deutschen Kaiserreiches geschmückt, darüber war die Jahreszahl 1622 eingestickt. Und genauso sieht die Fahne immer noch aus, wenngleich sie verständlicherweise in der Zwischenzeit mehrmals erneuert werden mußte.

Der Sonntag nach Fronleichnam wurde zum Tag der Fahne, an dem sich die Neckenmarkter der Heldentaten ihrer Vorväter erinnerten. Daraus hat sich dann der Brauch des Fahnenschwingens entwickelt, der auch heute noch nach genau festgelegten Regeln vor sich geht: Am Pfingstsonntag wählen die Burschen des Ortes aus ihrer Mitte einen Fähnrich (der viel Kraft und Geschicklichkeit benötigt, um die Fahne gebührend schwenken zu können) und die sogenannten Vorsteher: den Kommandanten, zwei Wachtmeister und zwei Kellner (die für die Bereitstellung von Wein zuständig sind) sowie das Fähnrichsmädel (das für den Blumenschmuck der Fahne zu sorgen hat). Am Fronleichnamstag legen die Vorsteher die traditionelle Kleidung des Dreißigjährigen Krieges an: schwarze Stiefelhosen und hohe Reitstiefel, dunkelblaue, rot gefütterte Jacke, mit vielen Knöpfen verziert, weißes Hemd, dunkelrote Schnürschärpen und Pelzmütze. Der Kommandant trägt einen Säbel, die Wachtmeister und Kellner Gewehre aus Holz, mit Blumen in den Gewehrmündungen. Zur Kleidung des Fähnrichs gehört eine Schürze aus Seidenbrokat, das sogenannte Fürtuch.

Nachdem die Fahne von der Kirche, wo sie ständig aufbewahrt wird, zum Haus des Fähnrichsmädels gebracht und dort geschmückt worden ist, wird sie feierlich abgeholt. Vor dem Haus wird die Fahne zu Ehren des Fähnrichmädels zum erstenmal geschwungen: dreimal nach rechts und dreimal nach links. Dies wiederholt sich nun noch viele Male im Laufe des Tages: zunächst beim Gang zum Burschenhaus, dann beim Weg zum Umganggottesdienst, zur Heldenehrung beim Kriegerdenkmal und vor dem Kirchhof, wenn der Pfarrer von den beiden Wachtmeistern zum Kirchgang abgeholt wird. Beim feierlichen Umgang mit dem Allerheiligsten begleiten die Burschen schweigend den Zug. Nach der Fronleichnamsprozession wird der Pfarrer nach Hause begleitet und zur Verabschiedung die Fahne erneut geschwungen. Nachdem am Nachmittag der Bürgermeister besucht worden ist und er die Tanzerlaubnis erteilt hat, eröffnen Fähnrich und Fähnrichsmädel gegen Abend den Tanz, während die Jungburschen die Fahne bewachen, die nach dem Eröffnungstanz in aller Stille in die Kirche zurückgetragen wird. Das Neckenmarkter Fahnenschwingen gehört zu den wenigen Schaubräuchen Ostösterreichs. Ein ähnlicher Brauch existiert auch in der Obersteiermark in St. Peter am Kammerberg. Auch hier rücken zu Fronleichnam und am Kirchweihtag, dem Sonntag nächst Peter und Paul (29. Juni), gemeinsam mit der Schützengarde zwei Fahnenschwinger aus, um ihre Kunst zu zeigen.

Tanz der Jakobischützen in St. Jakob am Thurn. Der hl. Jakob hat, so meint Otto Swoboda, in der frühen Christenheit die Stelle einer heidnischen Ernte- und Hirtengottheit übernommen, zu deren Ehren man in den Ostalpen den Erntebeginn mit kultischen Tänzen, Kraft- und Kampfspielen einzuleiten pflegte. Und tatsächlich wird in einem kleinen, nach diesem Heiligen benannten Dorf zwischen Puch bei Hallein und Salzburg, in St. Jakob am Thurn, das Patronatsfest am Sonntag nach Jakobi (25. Juli) auf besondere Art festlich begangen: Schon am Vormittag

Fahnenschwingen in Neckenmarkt im Burgenland am Sonntag nach Fronleichnam. Der Brauch geht zurück auf das Jahr 1620, in dem die Neckenmarkter als Dank für die Hilfe, die sie Graf Nikolaus von Esterházy im Widerstand gegen den ungarischen Rebellenkönig Bethlen Gabor leisteten, das Privileg erhielten, an Feiertagen in ihrer Heiduckentracht in Waffen und mit der Esterházyschen Fahne auszurücken.

Seit dem Jahre 1738 existiert der historische Tanz der *Jakobischützen* in St. Jakob am Thurn. Zu Ehren des heiligen Jakobi zelebrieren am Sonntag nach Jakobi (25. Juli) die

Alle 3 bis 4 Jahre wird am Sonntag nach Pfingsten in Hüttenberg das Laubhüttenfest, das älteste Knappenfest Österreichs, abgehalten. Höhepunkt ist der figurenreiche Reiftanz, zu dem der *Hans Obermoar* die Kommandos gibt. Der letzte dieses Männerkettentanzes, der *Schwoaftrager*, ist der Narr, der immer aus der Reihe tanzt. Links unten: Die Bruderschaftsfahne und die Bergmusik. Die Fotos wurden bei der Generalprobe gemacht.

Mehrere Orte im oberen Murtal besitzen ihren *Riesen Samson* als Symbol der Stärke. Linke Seite: Beim Kirchweihfest am Oswaldisonntag in Krakaudorf begrüßt die Schützengarde ihren Samson mit Salven. Rechte Seite: Der Riese von Muhr legt hier vor Honoratioren einen Tanz ein.

Der St. Veiter Wiesenmarkt geht zurück auf das Privileg Herzog Rudolfs IV. vom Jahre 1362. Seit dieser Zeit wird er mit kurzen Unterbrechungen abgehalten. Auf den Abbildungen: die *Freyung* (das ist das Symbol der Marktfreiheit, ein Arm mit einem Schwert in der Hand) wird am Eröffnungstag, dem letzten Sonntag im September, in einem Festzug auf die Marktwiese getragen, wo anschließend die Marktordnung verkündet wird.

Kaum eine größere Feierlichkeit in Tirol findet ohne Schützen statt. Ob an Gedenktagen und Jubiläen auf Gemeinde-, Bezirks- und Landesebene oder bei Prozessionen, die Schützen in ihren alten Trachten sind mit dabei, ebenso die Blasmusikkapellen. Diese sind allerdings in ganz Österreich präsent. Auf den Abbildungen: rechte Seite und linke Seite oben: die Schützen von Götzens; linke Seite unten: Musikkapelle von Maria Luggau.

An die Kämpfe der Schiffer gegen die Flußpiraten erinnert etwa jedes vierte Jahr Mitte August ein Schauspiel, die *historische Piratenschlacht*, in Oberndorf an der Salzach. Das Bild zeigt die Gefangennahme des Räuberhauptmanns durch die Schiffergarde.

findet ein feierlicher Umgang statt, bei dem die Jakobischützen mit ihren Prangstutzen Salven zu Ehren des hl. Jakob abfeuern.
Am Nachmittag wird dann der sogenannte Tanz der Jakobischützen, auch Tanz der Rotmäntel genannt, veranstaltet. Er erscheint dem Zuschauer als eine Mischung zwischen Schwerttanz, Prangschützenbrauch und Schauspiel, wobei die Figuren und gespielten Szenen folgende Begebenheit bildlich vorführen: Eines Tages stellte ein Flurschütze von St. Jakob am Thurn einen Mann in Pilgerkleidung, der durch ein reifes Getreidefeld eilte. Nach dem Leitspruch: »Wer einem Troadfeld Frevel antuet, der hat verwirket seinen Huet«, wollte er ihm den breitkrempigen Pilgerhut abnehmen. Der Fremde aber lachte und sagte: »So du mir lassest meinen Hut, halt ich St. Jakob in meiner Hut.« Und plötzlich erkannte der Flurwächter in dem Wanderer den hl. Jakobus, den Schutzpatron des Dorfes. Nun erzählte St. Jakob, daß Späher der Türken bereits unterwegs seien, um Pfade nach Salzburg auszukundschaften, und er empfahl den Bauern, sich zu bewaffnen. Sie befolgten seinen Rat, so schnell sie konnten. Kurz darauf erschienen die ersten türkischen Spähtrupps auf ihren kleinen, schnellen Pferden. Aber die Thurner hatten bereits Wachen postiert, die beim ersten Anblick des Feindes zur Kirche liefen und die Glocken läuteten. Als das vereinbarte Zeichen für Feindgefahr ertönte, griffen die Wehrleute zu ihren Waffen und stellten die Gegner, die derart überrascht waren, daß sie umkehrten und nicht mehr wiederkamen.
Aus diesem Anlaß, so behauptet die Legende, sei es zur Gründung der St.-Jakobi-Schützen und später auch der St.-Jakobs-Bruderschaft gekommen, der die Rotmäntel auch heute noch angehören. Der Tanz selbst, an dem heute meist 16 Schützen beteiligt sind, wird erstmals 1738 erwähnt, ist dann irgendwann in Vergessenheit geraten und wurde im Jahre 1929 wiederbelebt, wobei einige Passagen nicht mehr bekannt waren und neu ergänzt werden mußten. Präsent waren die Jakobischützen aber auch in der Zwischenzeit, denn Ende des vorigen und Anfang dieses Jahrhunderts sah man sie, den verschiedensten Berichten zufolge, in rotem Rock und schwarzem Hut mit rotem Federbusch – also in ähnlicher Kleidung wie heute – bei Fronleichnamsprozessionen mitreiten: in ihrer Mitte auf einem Rappen mit rotem Zaumzeug einen Reiter in Pilgerkutte, der den hl. Jakob darstellte.

Das Laubhüttenfest mit Reifentanz in Hüttenberg. In den Alpentälern, wo Zünfte und Handwerksbruderschaften nur eine untergeordnete Rolle spielten, gelang es lediglich den Knappen, eine bevorzugte Stellung und Privilegien zu erringen, die durch das Abhalten aufwendiger Repräsentationsfeste den Standesmitgliedern immer wieder in Erinnerung gebracht und nach außen hin dokumentiert wurden. So wurde auch jährlich in der Gemeinde Hüttenberg in Kärnten, am Fuß des Hüttenberger Erzberges, dem zweitgrößten Erzvorkommen Österreichs – hier haben schon Kelten und Römer das berühmte »norische Eisen« gewonnen –, von der Knappenbruderschaft wahrscheinlich schon seit Anfang des 16. Jahrhunderts, erwiesenermaßen aber seit 1608 das Laubhüttenfest abgehalten, das heute noch als eines der schönsten Knappenfeste im Alpenraum gilt. Es wird seither – mit nur kurzen Unterbrechungen – regelmäßig gefeiert, allerdings seit Beginn des 19. Jahrhunderts im Dreijahresrhythmus. Der Festablauf am Dreifaltigkeitssonntag hat sich in seinen wesentlichen Bestandteilen nur wenig verändert.
Ein paar Tage vor dem Fest werden auf dem Reiftanzplatz in Hüttenberg, wo das Festgeschehen stattfindet, nach alter Vorschrift aus neun Säulen, 24 Stangen und Birkenreisig die Laubhütte gezimmert und Tribünen errichtet. Ein Gottesdienst in der gotischen Hüttenberger Pfarrkirche, die einst die Bergleute errichten ließen, leitet den Festtag ein. Am frühen Nachmittag beginnt dann das »Sammeln der Reviere«, das festliche Einholen der ehemaligen Bergleute mit der Bergmusik von den Ortseingängen. Die Bergmannszüge unterscheiden sich unter anderem durch farbige Federbüsche auf den Mützen; so gibt es z. B. die Züge »Blau«, »Grün«, »Rot«, was daran erinnert, daß Ende des 19. Jahrhunderts die Hauptgewerkschaften ihre Knappen neu einkleiden ließen. Nach dem Radschlagen – das ist ein spiralenförmiger Aufmarsch aller Reiftänzer und der »ausrückenden Mannschaft« – erfolgt die Begrüßung durch den Bergkommissär. Ehrentrunk, Ansprachen und Eröffnungssprüche leiten zum Höhepunkt des Festes über:

> »Hans Obermoar bin ich genannt,
> nimm die Klatschen in die Hand,
> nimm die Klatschen bei dem Stiel,
> heut muaß gschegn, was ich haben will!
> Spielleut, spielts auf den lustigen Roaftanz!«

Mit diesem Spruch eröffnet der Schalknarr den traditionellen Kettentanz der Männer, der als der figurenreichste überhaupt gilt und aus drei Teilen besteht: Zum ersten Teil des Tanzes mit Figuren, wie sie auch von anderen alten Schwert- und Reiftänzen bekannt sind, spielt die Bergmusik eine sich ständig wiederholende alte Polkamelodie. Der festliche Mittelteil zu einem Walzer umfaßt Figuren, deren Bezeichnungen aus der Bergmannsarbeit stammen, wobei zum Höhepunkt das »Grubenhaus« gebildet wird und das alte Bergmannslied erklingt:

»Tief in der Erde Schoß,
ward uns ein ernstes Los.
Da gaben uns freundliche Mächte,
daß Segen der Bergbau uns brächte,
den frohen Gruß Glück auf,
Glück auf, Glück auf, Glück auf!«

Zum dritten und letzten Teil, dem Schwerttanz zur Melodie einer Polka-Mazur, führen Hans Obermoar und der Schwoaftrager lustige Pantomimenspiele auf. Nun folgen die Tänze mit der Reiftanzbraut und anschließend das »Pritschen« der Ehrengäste. Der Reihe nach werden die Honoratioren auf die Bank gelegt und von Hans Obermoar mit kräftigen Pritschenschlägen auf die Kehrseite bedacht. Nur den Bürgermeister spart man sich für den folgenden Tag, den Pritschenmontag, auf. Aber auch wer sonst noch in der Gegend eine Rolle spielt, wird an diesem Vormittag von zwei Reiftänzern abgeholt und auf die Pritschenbank gelegt. Anschließend »darf« sich der Gepritschte in der Laubhütte durch Spende und Ehrentrunk freikaufen und in seiner Popularität sonnen. Zur Mittagszeit klingt das Fest allmählich aus.
Nach der Stillegung des Bergbaubetriebes in Hüttenberg-Knappenberg 1978 war die Fortführung des Reiftanzfestes gefährdet. Inzwischen ist die Kameradschaft der Freiwilligen Feuerwehr, der auch frühere Knappen bzw. Reiftänzer angehören, zum Träger des Brauches geworden. Die Marktgemeinde Hüttenberg hat die Schutzherrschaft übernommen.
Auch bei diesem Knappenfest, das seit jeher ein Frühlingsfest war, sind noch Relikte alter Kulthandlungen erkennbar. So darf beispielsweise das Schlagen mit der Klatsche, dem einmal ein Schlagen mit einer Rute vorausgegangen sein könnte, als symbolisches Aufwecken der Kraft gesehen werden, wie auch die nach genau überlieferten Regeln aus frischen Ästen gebaute Laubhütte als Frühlingssymbol steht.

Der Riese Samson. Im oberen Murtal, im salzburgischen Lungau und in der Gegend von Murau in der Steiermark besitzen mehrere Orte, z. B. Mauterndorf, St. Michael, Muhr, Tamsweg, Krakaudorf, Murau, eine Riesenfigur, den Samson, der, teils auch von zwei großköpfigen Zwergenfiguren begleitet – wie etwa in Mauterndorf – an Festtagen durch den Ort zieht.
Früher – so erzählen die älteren Murtaler – sei der Samson bei kirchlichen Prozessionen, so auch zu Fronleichnam, mitgegangen, später aber, wann wisse man nicht, wäre dies allerdings verboten worden, weil die feierlichen Umgänge mehr und mehr zum Spektakel zu werden drohten und der Riesenfigur schließlich die größte Aufmerksamkeit geschenkt wurde.

Zum Ursprung dieses Brauches gibt es mehrere Versionen: Die Kapuziner hätten ihn von Bayern in den Lungau gebracht; es handelt sich also um einen Rest der alten prunkvollen Prangaufzüge, wie man sie in

der Barockzeit liebte, heißt es einerseits. Damals – bis zur Aufklärung – seien auch andere Figuren aus der Bibel wie Abraham und Isaak, Moses und auch der Riese Goliath mitsamt dem kleinen David figürlich dargestellt worden und bei Prozessionen mitgezogen. Andererseits wird der Ursprung des Giganten in die Zeit der Kelten verlegt, bei denen derartige Riesenfiguren eine Rolle gespielt haben sollen. Doch die Lungauer Bevölkerung hat ihre eigene, dritte Version: Diese gigantische Figur sei erstmals zur Zeit der Türkeneinfälle erfunden und gefertigt worden, um sie den Feinden als Abschreckung entgegenzuschicken. Und tatsächlich sollen die Türken von diesem Riesenmenschen derart beeindruckt gewesen sein, daß sie das Weite suchten. Und um diese Sage ranken sich verschiedene Legenden mit detaillierten, dramatischen Schilderungen.
Heute ist der Samson jedenfalls ein recht friedlicher Geselle. Auf dem Kopf trägt er einen Kürassierhelm, in der Hand eine Hellebarde und über einem oft gestreiften Kittelrock ein Schulterkleid. Getragen wird die etwa 6 Meter hohe Figur vom Samsonträger, also nur von einem Mann, an dessen Seite aber vier Helfer gehen, die einschreiten, wenn er ins Schwanken gerät.
Und so zieht er also meist am Nachmittag eines Festtages, begleitet von der Musikkapelle des Ortes und – soweit vorhanden – auch von der Schützengarde, wie in Krakaudorf, von Haus zu Haus. Zu Ehren von Honoratioren tanzt er dann auch, was die derart Geehrten stets zu einer Spende verpflichtet.

Der St. Veiter Wiesenmarkt. In der alten Herzogsstadt St. Veit an der Glan, die bis 1518 die Landeshauptstadt Kärntens war und im Mittelalter ihre wirtschaftliche Hochblüte erlebte, entwickelte sich eine Marktfreiheit vor und nach dem Kirchweihfest an Michaeli (29. September) im Laufe der Zeit zu einem der größten Vieh- und Krämermärkte Österreichs und zum größten Volksfest Kärntens.
Der St. Veiter Wiesenmarkt geht zurück auf das Privileg Herzog Rudolfs IV. vom 25. Juni 1362, demzufolge 14 Tage vor und ebensolange nach dem Kirchweihfest der Kirche des Klarissinnenklosters »außerhalb der Stadt« jedermann Waren feilbieten und verkaufen durfte. Es handelt sich hier also um einen Markt mit »Freyung«, ein Begriff, der zunächst die Gewährung von Freiheiten bedeutete, später aber auf das Symbol dafür, einen aus Holz geschnitzten Arm mit einem blanken Schwert in der Hand, überging. Die Freyung bedeutete Befreiung von gewissen Handelsbeschränkungen für eine bestimmte Zeit und zugleich die Zusicherung des persönlichen Schutzes für Käufer und Verkäufer.
Wie eh und je wird auch heute noch 14 Tage vor Beginn des großen Septembermarktes auf dem Oberen Platz die Freyung ausgestellt und am Marktsonntag, einem Sonntag um Michaeli, im Geleit eines Festzuges in historischen Gewändern auf die Marktwiese getragen. Anschließend wird die alte Marktordnung verkündet. Sie sah beispielsweise schwere Strafen für Gotteslästerer wie auch für die Verwendung falscher Maße und Gewichte vor und untersagte das Hausieren in Bürgerhäusern.
Aber schon am Samstag vor dieser feierlichen Eröffnung haben die Krämer ihre »Standeln« aufgestellt und mit dem Verkauf begonnen. Der Markt dauert heute etwa zehn Tage und zieht jeweils 250.000 Besucher an, wobei die zahlreichen sportlichen Veranstaltungen wie Fußballspiele, Boxwettkämpfe und sonstige Unterhaltungen, besonders der Vergnügungspark für Kinder, eine erhebliche Rolle spielen. Von besonderem Interesse und bedeutend sind natürlich der große Viehmarkt; die Landesschau der Kärntner Warmblutpferdezucht und andere Schaustellungen im Rahmen der Landwirtschaft sind nach wie vor – vor allem auch wirtschaftlich – interessant.
Noch einen weiteren Wiesenmarkt mit Freyungaustragen gibt es in Kärnten: in Bleiburg am Sonntag nach Ägidi. Er wird allerdings in kleinem Rahmen abgehalten.

Das Tiroler Schützenwesen in Vergangenheit und Gegenwart. Geist und Gesinnung der Tiroler Schützen kommt durch den Kommentar des Schützenmajors Dr. Hans Auer vortrefflich zum Ausdruck: »Bergvölker sind dafür bekannt, daß sie in besonderer Liebe und Verteidigungsbereitschaft an ihrer Heimat hängen. Dies erkannte für Tirol bereits Kaiser Maximilian I. Er übertrug im berühmten Landlibell von 1511 die Landesverteidigung Tirols der bodenständigen Bevölkerung. Danach verpflichteten sich die Tiroler, ihr Land selbst zu verteidigen; sie besaßen Waffenfreiheit und wurden zu keinen Kriegen außerhalb ihres Landes herangezogen. In der Stunde der Gefahr fanden sich die Männer nach ganz bestimmten Zuzugsordnungen und Stärkeverhältnissen an festgelegten Orten ein, begaben sich unter selbstgewählten Anführern an die Landesgrenzen und schlugen unter Ausnützung der Landesnatur Eindringlinge an den Pässen, Klausen und in den Talengen der Bergheimat. In Schützenkompanien organisiert, übten sie im Frieden auf den Schießständen und stellten ihr Können im Ernstfall als Scharfschützen unter Beweis. So wurde das rauhe Gebirgsland durch den Fleiß seiner Bewohner nicht nur aus einer von Naturkatastrophen bedrohten Urlandschaft in einen blühenden Garten verwandelt, sondern durch all die Jahrhunderte von seinen Schützen mit todesmutiger Verbissenheit verteidigt. Es wird in der Geschichte unvergessen bleiben, daß es Tiroler Schützen waren, die 1809 unter Andreas Hofer am Berg Isel Napoleon den Nimbus der Unbesiegbarkeit nahmen und daß 1915, als Italien den Krieg erklärte, die Tiroler Standschützen, darunter Kinder und Greise, freiwillig das Land in Fels und Firn verteidigten, bis im allgemeinen Sog des Endes des Ersten Weltkrieges das alte Europa unterging und Tirol dreigeteilt wurde. Damit fand auch die aktive militärische Aufgabe der Schützen das Ende.

Das Tiroler Schützenwesen von heute wahrt die Tradition der Jahrhunderte. Wenn die Schützen der Gegenwart von Tirol sprechen, meinen sie immer das Land an Etsch, Eisack und Inn in den Grenzen vor dem Ersten Weltkrieg. Die Treue zu Gott und zum Erbe der Väter, die geistige und kulturelle Einheit des Landes, der Schutz von Heimat und Vaterland sowie Würde und Freiheit des Menschen zählen zu ihren obersten Grundsätzen. Ohne Unterschied des Berufsstandes und jenseits aller Parteipolitik sind hier Männer vereint, die die geistigen Werte des Tiroler Schützenwesens von einst in der Gegenwart lebendig erhalten. Mit zwei großen Schützenbünden, dem Bund der Tiroler Schützenkompanien und dem Südtiroler Schützenbund, umfassen sie mit derzeit zusammen 361 Kompanien und weit über 20.000 Mitgliedern das ganze Land. In Tirol findet keine größere Feierlichkeit weltlichen oder kirchlichen Charakters ohne Schützen statt. Kompanie-, Bataillons- und Regimentsfeste beginnen stets mit einer Feldmesse und sind verbunden mit einer Heldenehrung. Es ist für die Schützen Ehrensache, bei Prozessionen und kirchlichen Hochfesten mitzuwirken. Ob weltliche Gedenktage und Jubiläen auf Gemeinde-, Bezirks- oder Landesebene, immer sind die Schützen mit dabei. Keine offizielle Landesfeier ohne Ausrücken einer entsprechenden Schützenformation. So nehmen sie, der Heimat und Tradition verpflichtet, teil an der Meinungs- und Willensbildung im Volke und repräsentieren in ihren alten Trachten das Land Tirol«.

Historische Piratenschlacht an der Salzach. Oberndorf an der Salzach ist in aller Welt durch das Lied »Stille Nacht, heilige Nacht« berühmt geworden. Heute erinnert an die Entstehung dieses wohl bekanntesten Weihnachtsliedes die Stille-Nacht-Kapelle, da die Nikolaikirche, wo die Melodie 1818 das erste Mal erklang, nach 1905 wegen Baufälligkeit abgerissen werden mußte. Oberndorf ist aber auch als Hort reichen Brauchtums interessant, wie wir noch sehen werden.

Bis in die Mitte des 19. Jahrhunderts hatte der Ort Bedeutung für die Salzach-Schiffahrt. Tausende Salzschiffe wurden hier gebaut, mehr als tausend Schiffer wohnten Ende des 18. Jahrhunderts hier, und das Schifferschützen-Corps blickt zurück auf eine mehr als 700jährige Tradition. Eingedenk der einstigen Bedeutung dieses Platzes und gelegentlicher Überfälle auf Salztransporte wird heute noch etwa alle fünf Jahre in der Zeit von Ende Juli bis Mitte August – früher am Fronleichnamstag – auf der Salzach ein Volksschauspiel veranstaltet, das den Kampf der Schiffer gegen die Flußpiraten zum Inhalt hat. Zum Auftakt der historischen Piratenschlacht, auch Banditenfangen genannt, treiben sich am Ufer der Salzach Piraten herum, die es auf die Salztransporte abgesehen haben. Als gerade die Hochzeit des Räuberhauptmanns Adolfo gefeiert wird, nähert sich eine Salzzille, die sofort überfallen wird. Die Schiffer werden nach kurzem Kampf festgenommen. Schifferschützen kommen zu Hilfe, doch auch einer von ihnen wird überwältigt. Weitere Hilfstrupps befreien schließlich die Überfallenen. Die Räuber sind inzwischen aufs Wasser geflüchtet, und nun beginnt unter ohrenbetäubenden Schießereien eine lange Verfolgungsjagd. Schließlich werden die Piraten samt ihrem Hauptmann gefangengenommen und in einer Gerichtsverhandlung zum Tod durch Erschießen, der Hauptmann zum Tode durch den Strang, verurteilt. Während dem Piratenhauptmann bereits die Schlinge um den Hals gelegt wird, erscheint ein Bote mit der Nachricht, daß das zwischenzeitlich eingebrachte Begnadigungsgesuch angenommen und die Verbrecher zum Ertränken in Bier verurteilt wurden. Und so ziehen die Räuber, Henker und Schiffergarde zur Vollstreckung der Strafe gemeinsam fröhlich in den Biergarten.

Wann dieses Schauspiel auf der Salzach erstmals in Szene gesetzt worden ist, weiß man nicht. Wohl aber ist ein anders geartetes Kampfspiel des Oberndorfer Schifferschützenkorps bereits 1596 urkundlich erwähnt: Das Historische Schifferstechen, bei dem zwei Gegner, jeder in einer Zille, versuchen, sich gegenseitig mit einer langen Stange ins Wasser zu stoßen. Dieser Wettkampf wird jährlich außer in dem Jahr, in dem die Piratenschlacht in Szene geht, durchgeführt.

DANK FÜR GOTTES GABEN – UND GESCHMÜCKTES VIEH GEGEN BÖSE DÄMONEN

Almabtrieb. Von Mitte September bis Mitte Oktober, wenn auf den Almen ein eisiger Herbstwind die ersten Schneestürme ankündigt, wird das Vieh von den Hochweiden hinunter ins Tal getrieben. Zur Zeit, als Dämonen und böse Geister im Volksglauben noch eine erhebliche Rolle spielten, galt der oft viele Kilometer lange Weg von den eingesäumten und somit magisch geschützten Almwiesen bis hinunter zur Einfriedung des heimatlichen Hofes als besonders gefährlich. Um die Schadensgeister zu täuschen, hat man daher das Vieh sowohl beim Auftrieb als auch beim Abtrieb mit Grünzeug und allerlei Buntem »getarnt«. Obwohl der ursprüngliche Sinn dieses Tuns allmählich verlorenging, hielt man in vielen Almgegenden Österreichs vor allem am feierlichen Almabtrieb fest.
Als Dank und Ausdruck der Freude über den gut überstandenen Sommer auf der Alm werden die Tiere bei der Almabfahrt – auch Almabtrieb oder Alpabzug genannt – festlich geschmückt: »aufgekranzt« oder »aufgebuscht«. Latschen, grüne Zweige, kleine Fichtenbäumchen, manchmal zu einer kleinen Krone gebunden mit einem Kreuz auf der Spitze, bunte Bänder, Blumen, Kunstblumen und zuweilen Spruchtafeln zieren den Kopf der Tiere. Stets trägt die Leitkuh den größten und schönsten Schmuck. Hat die Familie, der die Tiere gehören, während der Almzeit einen Todesfall erlitten, oder ist ein Tier verunglückt, so wird

nicht oder höchstens mit einem Trauerflor aufgeputzt. Im Bregenzer Wald, in der Gegend von Schwarzenberg ist der Alpabzug auf einen bestimmten Tag, den 15. September, festgelegt. In der Ortsmitte wird das Alppersonal mit dem Vieh freudig in Empfang genommen. Manche Bäuerinnen tragen zu diesem Anlaß wie eh und je die Bregenzerwälder Festtagstracht; und die Hüte der Hüterbuben sind mit dem traditionellen »Mojen«, einem Kranz aus bunten Blumen oder Kunstblumen, geschmückt. Nachdem jeder Bauer seine Tiere zurückerhalten hat, füllen sich die Gasthäuser, wo nun die glückliche Rückkehr der Senner und Sennerinnen gefeiert wird.
In den meisten Almgebieten Österreichs werden die Tiere der verschiedenen Bauern auf Gemeinschaftsalpen (-almen) betreut, für die der Alpmeister zuständig ist. Er hat die nicht einfache Aufgabe, das Almpersonal zu beschaffen, was um so schwieriger ist, wenn auf einer Alm nicht nur Jungtiere, sondern auch Milchkühe den Sommer verbringen. Zur Käseerzeugung – z. B. im Bregenzer Wald – braucht es gutes, geschultes Personal. Solche Almen werden in verschiedenen Bundesländern inzwischen mit Landeszuschüssen gefördert.

Erntedank. Der Beginn und besonders der Abschluß der Ernte waren noch Ende des vorigen Jahrhunderts mit mannigfaltigem Brauchtum verbunden. Dazu gehörten z. B. das Schmücken des ersten und letzten Erntewagens, das Binden des Erntekranzes oder der Erntekrone aus den schönsten Ähren und deren feierliche Überreichung an den Grundherrn oder Bauern sowie Schnittermahl und Schnittertanz. Heute, im Zeitalter der Mechanisierung, spielen diese Bräuche kaum noch eine Rolle, doch wird in der Zeit von Ende September bis Ende Oktober, oft auch verbunden mit dem Kirchweihtag, ein kirchliches Erntedankfest gefeiert. Es wird heute in ganz Österreich in ähnlicher Form begangen: mit einer feierlichen Prozession oder wenigstens einem prunkvollen Einzug in die Kirche. Unentbehrlich im Festzug ist die kunst- und liebevoll gebundene Erntekrone, doch werden auch Schüsseln mit den Gaben Gottes und meist der traditionelle Erntekranz im Umzug mitgetragen. Frauen in Tracht, manchmal auch schon Kinder, halten in den Händen ein Sträußchen mit Garben oder tragen ein Körbchen mit reifen Früchten zum Segnen vor den Altar. Nach der Weihe in der Kirche – vor oder nach der Messe – werden sie noch

eine Zeitlang vor dem Altar belassen. Die geweihten Erntesträußchen aber werden mit nach Hause genommen, wo sie einen Ehrenplatz meist unter dem Kruzifix bekommen.

Weinhütereinzug in Perchtoldsdorf. In Perchtoldsdorf, an der Südwestgrenze Wiens, gelegen an den Ausläufern des Wienerwaldes und gesäumt von ertragreichen Weinbergen, feiern die Weinhauer seit Jahrhunderten zum Dank für den Erntesegen am Sonntag nach Leonhardi den Einzug der Weinhüter: Sie stehen im Mittelpunkt dieses wohl berühmtesten der Weinhauerfeste Österreichs. Aufgabe der Hüter war es, etwa zwei Monate lang Tag und Nacht die reifenden Trauben bis zur Ernte vor Diebstahl zu bewahren. Diese Wachen wurden, so sie nicht von den Hauern selbst aufgebracht werden konnten, von der Gemeinde gestellt. Melden durfte sich für diese verantwortungsvolle Aufgabe bis nach dem Ersten Weltkrieg nur, wer einen Bürgen hatte, der, falls etwas passierte, für den Schaden aufkam. Der Bürge hatte das Recht zu kontrollieren, ob sein Hüter die genau festgelegten Verordnungen befolgte. Noch 1962 wurden in Perchtoldsdorf sechs Weinhüter angelobt, aber bereits vom Weinbauverein, der aus der ehemaligen Hauerzeche hervorgegangen ist, bezahlt. Nachdem kaum nennenswerte Diebstähle vorkamen, wurden die Weingärten seit den siebziger Jahren nur mehr am Wochenende, und zwar unentgeltlich, von den Söhnen der Hauer bewacht, die allerdings wie eh und je in der »Hiatahütten« schlafen.
Zum Zeichen, daß die Hüter ihren Dienst angetreten haben, wird für jeden vor seiner Hütte ein Hüterbaum, eine bis an den Wipfel entrindete Föhre, aufgestellt. Und auch heute noch sieht man ab Augustini diese »Hiatabam« in den Rieden stehen.
Die alten Hüterbräuche zu wahren obliegt dem Weinbauverein. Er wacht auch über den Festablauf beim traditionellen Weinhütereinzug, der immerhin eine mehr als 500jährige Tradition aufweisen kann. Am Morgen des Festes versammeln sich die Hüter im Hof des Herbergsvaters, formieren sich zu einem Zug und marschieren zum Gottesdienst in die Kirche. Voraus reiten drei Hüter auf geschmückten Pferden, gefolgt von der Musik und den übrigen Hütern mit der Pritschen, einem mit Weinlaub und Trauben geschmückten Holzgestell in Glockenform, an der Spitze mit einem Herz aus vergoldeten Nüssen, Obst und Ähren verziert. Der Pritschenträger muß sie immerfort drehen, so daß die Trauben »tanzen«.
Nach dem Gottesdienst wird dem Pfarrer ein Erntedankkorb überreicht. Anschließend werden vor dem Rathaus, wo sich inzwischen eine große Menschenmenge versammelt hat, Ansprachen gehalten und G'stanzln gesungen. Zur festlichen Tafel sind Hüter und Ehrengäste beim Hütervater – er wurde bereits Wochen vorher von den Weinhütern gewählt – eingeladen. Für die zahlreichen Gäste, die sich vor dem Rathaus und der Kirche versammelt haben, gibt es kostenlosen Wein.
Warum nun das Weinhüterfest ausgerechnet auf den Leonhardstag bzw. den Sonntag danach gelegt wurde, ist unklar, da der Heilige als Schutzpatron der Pferde gilt und in keiner Form mit dem Wein oder mit der Ernte in Zusammenhang gebracht werden kann. Verschiedene Legenden versuchen diesem Mangel abzuhelfen. Am häufigsten bekommt man folgende Version zu hören: Im Jahre 1422 soll ein Hüter von Dieben lebensgefährlich verwundet worden sein. Beim »Weißen Stein« wurde er von Kameraden blutüberströmt aufgefunden und zum Arzt gebracht. Da er am Leonharditag erstmals wieder das Haus verlassen und die hl. Messe besuchen konnte, wird seither an diesem Tag gefeiert und der besagte Stein jährlich von den Weinhütern weiß gekalkt.

Martini. Die Tage um Martini (11. November) spielten bei den alten Erntebräuchen eine große Rolle. Es war die Zeit, in der das bäuerliche Arbeitsjahr abgeschlossen wurde, was stets Anlaß zu verschiedensten Festivitäten gab.
Vorübergehend war der Martinstag, an dem man z. B. aufhörte, die Gänse zu mästen, auch der Zinstag. Gänse gehörten zu den Naturalabgaben.
Heute wird das Fest des heiligen Martin, des römischen Soldaten und nachmaligen Bischofs von Tours, besonders im Osten Österreichs – in Niederösterreich und im Burgenland – mit Weintaufen, Weinkosten und Ganslessen begangen. Das Burgenland hat den 317 im benachbarten Szombathely (Steinamanger) Geborenen sogar zu seinem Landespatron gemacht, und so ist hier das Festprogramm besonders reichhaltig.
Aber auch im äußersten Westen, in Bregenz, wird der Martinstag gefeiert, und zwar besonders schön, mit einer Andacht in der St. Martins-Kapelle und abends mit dem Martinsritt: Zu Ehren des Heiligen, der seinen Mantel mit dem Schwert zerteilte, um eine Hälfte davon einem frierenden Bettler zu schenken, reitet ein »römischer Soldat« auf einem Schimmel, begleitet von einem »Bettler« und Kindern mit Laternen, durch die Bregenzer Oberstadt. Dieser Brauch ist in Bregenz

noch sehr jung; er wurde erst 1920 von Augsburg dorthin gebracht.
Daß die Gans zu einem der Attribute des Heiligen wurde, erklärt die Legende so: Als Martin seinerzeit zum Bischof geweiht werden sollte, diese Würde aber nicht annehmen wollte und sich verborgen hielt, sollen Gänse mit ihrem Geschnatter sein Versteck verraten haben.

Luzelbrauch in Unter- und Oberwart im Burgenland. Ehe Gregor XIII. im Jahre 1582 die Kalenderreform durchführen ließ, galt „Luzien", der 13. Dezember, als der kürzeste Tag im Jahr. Daraus erklären sich die in Teilen Europas auch heute noch üblichen Lichterbräuche – Licht heißt auf lateinisch „lux" –, die im Zusammenhang mit dem mittelalterlichen Neujahrsfest gesehen werden müssen.
In Österreich wurde – und wird vereinzelt immer noch – der Luzientag vor allem im äußersten Osten, also im Burgenland, begangen. In den zum Teil ungarischsprachigen Gemeinden Unter- und Oberwart trifft sich am Vortag von Lucia die Dorfjugend zum Luzelgehn oder „lúcazás". Am Nachmittag des 12. Dezember ziehen zunächst die Vier- bis Sechsjährigen, später die Schulkinder und gegen Abend die ältere Dorfjugend in weißen Kleidern und mit verhüllten Gesichtern, einen drohend erhobenen Kochlöffel in der Hand, vor die Häuser von Bekannten und Verwandten, begehren Einlaß und verteilen an die Bewohner leichte Schläge mit dem Kochlöffel. Dann bringen sie ihre guten, oft auch recht deftigen Wünsche für die Fruchtbarkeit von Menschen und Tier an und rezitieren Verse wie:

Luca, Luca kity-koty, kity-koty,
Gelegenye kettö, három,
Száraz körtét várom!
Ha nem adnak szalonnát
Levágom a gerendát!
Ha nem adnak hurkát,
Elviszem a Jutkát!

Luzie, Luzie, kity-koty, kity-koty
Gelegenye zwei – drei
Trockene Birnen erwarte ich!
Wenn ich keinen Speck bekomme,
Schneide ich den Balken ab,
Wenn ich keine Blutwurst bekomme,
Nehme ich Judith mit!

wofür sie mit Gaben, heute meistens mit Geld, belohnt werden. Auf den Straßen sind die verhüllten Gestalten stumm und wollen nicht erkannt werden.

In der Zeit von Mitte September bis Mitte Oktober wird das Vieh von den Sommerweiden, den Almen, ins Tal getrieben. Dabei ist es im ganzen Lande Brauch, zur Almabfahrt (auch Alpabzug oder Almabtrieb) das Vieh prächtig *aufzubuschen* oder *aufzukranzen*, zunächst um es auf dem Weg vor Unheil (bösen Geistern) zu schützen, neuerdings wohl eher, um dem Tag ein festliches Gepräge zu geben.

Alpabtrieb in Schwarzenberg im Bregenzer Wald. Hier wird das Vieh am 15. September von der Alp abgetrieben und in der Ortsmitte von Schwarzenberg freudig begrüßt. Wenn im Sommer kein Unheil passiert ist, ist nicht nur das Vieh bekränzt, auch die Hirten schmücken den Hut manchmal sogar noch mit dem traditionellen *Mojen*, einem bunten Kranz aus Papierblumen.

Erntedankprozession in Spitz an der Donau. Das Ende der Erntezeit, früher mit einer Vielfalt an Bräuchen verbunden, wird heute in ganz Österreich in ähnlicher Weise gefeiert: In einer feierlichen Prozession werden eine prächtige *Erntekrone* und reife Feldfrüchte durch den Ort zur Kirche getragen, geweiht und einige Zeit vor dem Altar belassen. Die geweihten Erntesträußchen werden mit nach Hause genommen, wo sie einen Ehrenplatz bekommen.

Frauen in der beliebten und viel getragenen oberösterreichischen Festtracht mit Goldhauben und auch schwarzen Perlhauben bei einer Erntedankprozession in Unterweißenbach im Mühlviertel. Bild ganz oben: Monstranz aus reifen Ähren und Strohblumen vom Erntedankfest in Thaur in Tirol.

Der Weinhütereinzug mit der *Hüterpritschen* (Hauerkrone) Anfang November in Perchtoldsdorf bei Wien – er findet seit dem Türkenjahr 1683 statt – ist ein großes, stimmungsvolles Volksfest, für das der Wein von den Winzern gespendet wird.

Ein *Römischer Soldat*, auf einem Schimmel reitend, daneben ein *Bettler* und Kinder mit Laternen, die am Abend des Martinitages (11. November) durch die Bregenzer Oberstadt ziehen, erinnern an den heiligen Martin, der seinen Mantel mit dem Schwert zerteilte, um eine Hälfte davon einem frierenden Bettler zu schenken. Der Brauch ist in Bregenz noch sehr jung; er wurde erst 1920 von Augsburg eingebracht.

In Unter- und Oberwart im Burgenland geht am 12. Dezember, dem Vorabend von Luzia, geht die Dorfjugend in der Verkleidung der *Luzelfrau* in verschiedenste Häuser, verteilt leichte Schläge mit dem Kochlöffel und bringt gute Wünsche an.

KEIN STILLER ADVENT

Perchtenspringen im Unterinntal. Es läuft einem ein merkwürdiger Schauer über den Rükken, wenn man am Nikolaustag oder am Abend zuvor den Unterinntaler »Perschtln« begegnet. In der Gegend von Wörgl, bei Breitenbach und Unterangerberg, ist das am wahrscheinlichsten, denn hier treiben sich die meisten herum. Sie gehören zum gleichen Einflußbereich wie ihre Pinzgauer oder Pongauer Artgenossen, doch wirken ihre Masken auf geradezu dämonische Art abstoßend. Das Gewand ist hier aber nicht aus Fell, sondern über und über mit »Türkenflietschen«, das sind Hüllblätter des Maiskolbens, bestückt.
Die »Perschtln« sind in kleinen Gruppen unterwegs, schleichen um die Häuser, um dann stürmisch Einlaß zu begehren. Während die »Perschtln« in der Stube wild herum springen, fängt die Hexe, die sie begleitet, eiligst zu kehren an. Sie hat das Böse auszukehren, während die Sprünge die Wachstumsgeister anspornen sollen.
Auch wenn heute niemand mehr daran glaubt, daß der Mais oder das Korn dadurch in ihrem Wachstum gefördert werden, so sind die Leute doch unsicher, ob es nicht ganz allgemein Unglück brächte, würde man die »Perschtln« aussperren. Sie werden also willkommen geheißen und bewirtet, und alle haben ihren Spaß an dem Klamauk.

Klaubaufgehn in Osttirol. Tief verwurzelt in der Mystik mittwinterlicher Perchtenläufe ist der Osttiroler Brauch des Klaubaufgehens. Heute gehört der Klaubauf zur Begleitung des hl. Nikolaus, wie überhaupt die Perchten auch vielfach die Rolle von Krampussen angenommen haben. Die Masken der Osttiroler Klaubäufe – genannt Larven – haben sich im Laufe der Jahrhunderte immer wieder verändert, heute zeigen sie groteske Grimassen. Sie haben keine Hörner und unterscheiden sich somit deutlich von den Teufelsmasken, die sich vom Unterinntal bis ins Salzkammergut ziemlich ähnlich sind. Besonders wichtig sind die Glocken der Klaubäufe, deren Geläut vielfach mit viel Sorgfalt aufeinander abgestimmt ist.
Das Klaubaufgehen ist in den meisten Gemeinden Osttirols bekannt. Berühmt-berüchtigtes Zentrum dafür ist Matrei. Berüchtigt deshalb, weil es dort nicht gerade sanft zugeht, wenn die Burschen und Männer sich erst hinter ihren Masken verbergen: Auf diese Weise werden allerlei Aggressionen abgebaut und Fehden ausgetragen; es kommt zu Raufereien, und zimperlich ist dort niemand.
Klaubauftage sind der 4., 5. und 6. Dezember, also der Nikolaustag und die beiden Tage vorher: Jeden Abend findet in einem anderen Marktbereich zu vereinbarter Zeit das »Zusammenglocken« statt, bei dem alle Klaubäufe – meist sind es mehrere Dutzend – ihr Geläut zum besten geben. Währenddessen kommt der Nikolo mit seiner Begleitung: zwei Engeln »Bediente« genannt, der eine mit Glocke und Laterne, der andere mit einem Korb voll Keksen und Früchten; dazu der Spielmann mit einer Ziehharmonika sowie Lotter und Litterin. Sie heischen Geld von den Zuschauern und in den Häusern. Und damit kein allzugroßer Unfug geschieht, gibt es neuerdings auch einige Ordner.
Geschlossen ziehen alle von Haus zu Haus. Lotter und Litterin oder der Ordner erkunden, ob man im Haus erwünscht ist. Wenn ja, tritt der Nikolaus mit seiner Begleitung ein. Klaubäufe dürfen nur dann über die Türschwelle, wenn die Hausbewohner das ausdrücklich erlauben. Der Nikolo fragt nach dem Wohlverhalten der Kinder und verteilt dann seine Gaben. Lotter und Litterin tanzen zu den Weisen des Spielmannes und sammeln anschließend Geld. Währenddessen erzeugen die Klaubäufe vor dem Haus mit ihren Glocken einen Höllenlärm. Aber auch sonst geht es turbulent zu. Wenn nun auf Anfrage des Nikolo den Klaubäufen (in begrenzter Anzahl) erlaubt wird, das Haus zu betreten, so kommt es auch heute noch manchmal zum traditionellen »Tischziehen«: Die Klaubäufe wollen den Stubentisch ins Freie schleppen, um darauf wild herumzutanzen, was in doppelter Hinsicht nicht im Sinne der Hausbewohner ist: Zum

einen würde der Tisch unter den Füßen der Höllengeister kaputtgehen, zum anderen wäre das ein schlechtes Omen für die Besitzer. Und so verteidigen sie den Tisch mit allen Kräften. Der Nikolo, als absolute Respektsperson, kann das Spektakel beenden und die Klaubäufe hinausschicken. Und auch alle anderen verabschieden sich dann und ziehen zum nächsten Haus.

Jeder Abend wird mit einem gemeinsamen Einlauf zum Ortszentrum abgeschlossen. Wenn Nikolaus und Begleitung sich dann zurückgezogen haben, toben sich die Klaubäufe erst richtig aus.

Das Klaubaufgehen ist nicht nur Sache der Burschen und Männer, auch die Schulbuben sind davon so fasziniert, daß schon Tage vorher keiner mehr von etwas anderem spricht und die Lehrer resigniert zur Kenntnis nehmen müssen, daß die Kinder um diese Zeit von einem anderen als dem Lernfieber befallen sind. Aber auch drei- und vierjährige – zunächst noch an der Hand von Mama oder Papa – sind begeistert dabei, scheinen vor den wilden Gesellen keinerlei Angst zu haben und fühlen sich selbst schon recht stark hinter ihren sorgfältig geschnitzten Teufelsmasken.

Das von Lotter und Litterin geheischte Geld wird nach Weihnachten für den sogenannten »Klaubaufgüngl« verwendet, eine Ballveranstaltung mit freiem Essen für alle, die mitgemacht haben.

Das Mitterndorfer Nikolospiel. Groß und lärmend ist das Gefolge, mit dem der hl. Nikolaus am Vorabend seines Festes in Bad Mitterndorf im steirischen Salzkammergut von Wirtsstube zu Wirtsstube zieht. An der Spitze des langen Zuges, der mit seinen etwa 80 Gestalten in der dunklen Winternacht fast unübersehbar wirkt, schreiten recht seltsame, ganz in Stroh gehüllte Figuren, »die Schab«, die mit ihren meterlangen Antennen aussehen wie Karikaturen von Marsmenschen; das Schnalzen ihrer langen Peitschen im Sechsertakt tönt kilometerweit durch das Tal. Ihnen folgen der Quartiermacher in Polizeiuniform, der für die Ordnung des Zuges verantwortlich ist, der Nachtwächter mit Laterne, Hellebarde und Horn sowie der Bartel mit seiner freundlichen Maske und einem Korb voller Süßigkeiten für die Kinder. Anschließend kommen die Mesner mit ihren Klingelbeuteln, ein Engel im Sternengewand, begleitet vom Rollenträger, und dann im vollen bischöflichen Ornat der hl. Nikolaus mit dem Herrn Pfarrer an der Seite. Hinter ihnen gehen der Bettler mit einem krummen Stock, und der Tod mit der Sense, gefolgt von der Habergeiß als Symbol der Fruchtbarkeit und dem Schmied mit dem Hammer, der alles annagelt, was fliehen will; »anbannen« heißt man das.

Perschtl aus Niederbreitenbach. In der Zeit um den 6. Dezember treiben sich die Unterinntaler *Perschtln* herum. Lärmend und tobend stürzen sie in die Häuser, während die Hexe, die sie begleitet, eiligst die Räume auskehrt. So sollen die bösen Dämonen der langen, kalten Winternächte, der

Es geht rauh zu in Matrei in
Osttirol, wenn in den
Abendstunden vom 4. bis
6. Dezember Dutzende Klaubäufe,
mit ihren Glocken einen
Höllenlärm erzeugend, durch die
Gassen laufen. Auch sie haben
ihren Ursprung in heidnischer Zeit.
Der Nikolo, den sie heute
begleiten, ist dann später
dazugekommen.

Am Nikoloabend in Mitterndorf: Die *Schab*, und der Großteil der Horde von Krampussen warten im Freien, während in der Wirtsstube das *Nikolospiel*, bei dem Beichte und Tod eines alten Mannes im Mittelpunkt steht, in Szene geht. Das Bild auf der linken Seite unten rechts zeigt den heiligen Nikolaus und den Bartl, der den Kindern Gaben verteilt. Oben rechts: die traditionelle *Habergeiß* hat es auf die Mützen abgesehen.

Frauentragen in Oberndorf. Die Herbergsuche Marias symbolisierend, besucht allabendlich im Advent eine Gruppe Mädchen mit einem Madonnenbild (darstellend die Herbergsuche von Maria und Josef) Oberndorfer Familien. Besonderen Segen bringt es dem Haus, in dem das Bild übernachten darf.

Gekleidet in heimatlicher Tracht ziehen die Anglöckler von Oberndorf während der Adventzeit mit ihrer drehbaren Krippe von Haus zu Haus, erzählen singend von der Geburt des Messias und bringen vorweihnachtliche Stimmung ins Haus.

Die Krippe war, bis sie seit der zweiten Hälfte des vorigen Jahrhunderts langsam vom Christbaum verdrängt wurde, Mittelpunkt des alpenländischen Weihnachtsfestes. Heute noch gibt es herrliche Hauskrippen, die von den Besitzern mit Stolz hergezeigt werden; so ist z. B. Thaur in Tirol

Die Nachhut bildet ein mehrere Dutzend starkes Rudel Krampusse, beaufsichtigt vom Nikolojäger und angeführt vom Höllenfürsten Luzifer persönlich, der von zwei kleinen Teufelchen mit einer Kette gehalten wird.

In der Gaststube wird der Nikolo natürlich bereits erwartet. Nachdem der Quartiermacher die Zustimmung zum Eintreten für die gemischte Gesellschaft bekommen hat und nach der Mahnung des Nachtwächters, auf Feuer und Licht zu achten, kommt der Schimmelreiter und umreitet den freien Platz in der Mitte des Raumes, um die bösen Geister symbolisch zu vertreiben. Kurz danach erscheint der Bischof Nikolaus, der Kinder und Erwachsene ermahnt und segnet. Wenn dann der Herr Pfarrer, der sich nach dem Wohlverhalten der Kinder erkundigt, zufrieden ist, verteilt der Bartel Geschenke an die brave Jugend. Inzwischen hat sich der Bettelmann beim geistlichen Herrn ganz kleinlaut gemeldet und bittet ihn, die Beichte abzunehmen. Er erzählt von seinen zahlreichen Schandtaten, verniedlicht sie aber und will seine Schuld nicht wahrhaben, auch nicht das Nahen des Todes. Da erscheint der Sensenmann und macht seinem Leben ein Ende. Zwei Krampusse zerren ihn mit sich. Ein volkstümliches Jedermann-Schicksal, aber ohne erlösendes Ende.

Die Krampusse haben jedoch nicht genug mit nur einer Seele. Schon erscheint der Eheteufel und erzählt hämisch, was er alles unternimmt, um eine Ehe zu zerstören. Das Thema ist Höllenfürst Luzifer gerade recht: Er ist nicht mehr zu bändigen, stürzt wildtobend in den Raum, erklärt, was er von all den Anwesenden hält, und befiehlt den Teufeln, die schon draußen vor der Tür gelauert haben, alle mitzunehmen. Es entsteht ein wildes Geschrei, die Ruten der Krampusse landen gezielt und tun weh, bis dann der Nachtwächter dem Tumult ein Ende bereitet.

Vor der Tür haben inzwischen die »Strohschab« Wache gehalten und übernehmen nun wieder die Führung des Zuges zum nächsten Wirtshaus. Sie sind eine Besonderheit von Mitterndorf und in Österreich einzigartig. Als Perchtengestalten hatten sie mit ihrem Peitschenknallen einst die gefürchteten Dämonen des Winters zu vertreiben. (Eine ähnliche Gestalt, der »Strohmichel«, der mit dem Ackersegen in Zusammenhang gebracht wird, ist auch in Westdeutschland bekannt.)

»Für eventuelle Unfälle wird nicht gehaftet!« heißt es in den Mitteilungen der Nikolospielgruppe, was schon andeutet, daß der Zug von Stunde zu Stunde ausgelassener wird, nachdem die Teufel in jedem Gasthaus mit Hochgeistigem gestärkt wurden.

Nikolospiele kannte und kennt man auch in anderen Orten, zum Beispiel in Reith bei Brixlegg im Tiroler Unterinntal, wo in Abständen von etwa sieben Jahren (das nächste Mal 1990) ein Stubenspiel aufgeführt wird.

Anglöckln und Frauentragen in Oberndorf. In Oberndorf an der Salzach und in den umliegenden Orten zieht im Advent allabendlich nach Einbruch der Dunkelheit, oft in eisiger Kälte oder im Schneesturm, eine Gruppe acht- bis zwölfjähriger von Haus zu Haus, um von der Geburt des Heilands zu berichten. Überall werden die Buben in heimatlicher Tracht, angetan mit Walkjankern, Lederhosen und Hut, in der Hand Hirtenstab und Laterne und begleitet von einem Betreuer, der eine Kopie der historischen 200 Jahre alten Drehkrippe trägt, freundlich und gern empfangen. Nachdem sich die Familie, aufmerksam lauschend, in der Stube um die »Hirtenbuben« geschart hat, singen sie alte Weihnachtslieder und verkünden die frohe Botschaft. Als Belohnung erbitten sie Spenden, für die sie sich wieder mit einem Lied bedanken:

Wir danken Euch mit Herz und Mund
für die gereichte Gab!
Der liebe Gott von Stund' zu Stund'
Euch solches zahlet ab!
Wir wünschen, daß der liebe Gott
von Wasser, G'fahr und Feuersnot
Euch all bewahren tut.

Früher wurden Lebensmittel gespendet; am Heiligen Abend zogen dann die Glöckler aus, schlichen sich zu den Armen und Bedürftigen und legten dort leise ihre Geschenke ab. Heute bekommen die Buben hauptsächlich Geldspenden und finanzieren damit ihre Pfadfinderorganisation, oder sie sammeln für wohltätige Zwecke.

Einst war das Anglöckln ein reiner Heischebrauch, welcher armen Leuten und in Oberndorf den Salzachschiffern vorbehalten war. Wenn der Fluß im Winter wenig Wasser hatte und Treibeis führte, waren sie arbeitslos. In der Adventzeit gingen sie daher zu den Bauern in der näheren und weiteren Umgebung anglöckln und am Dreikönigstag sternsingen. Die Bauern spendeten immer reichlich, so daß manchmal sogar ein Pferdefuhrwerk mitzog, auf das die Gaben geladen wurden; so konnten die Schiffer mit ihren Familien den Winter überdauern. Mit dem Ende der Salzschiffahrt Mitte des vorigen Jahrhunderts geriet der Brauch zunächst in Vergessenheit, wurde 1924 aber wiederbelebt und den Pfadfindern nahegebracht. Auch heute noch ist die Pfadfindergruppe »Edelweißhorst« Träger dieses Brauches.

Das vorweihnachtliche »Anglöckln« oder »Glöcklngehn«, in Tirol »Anklöpfln«, war in ähnlicher Form in den Ostalpen weit verbreitet und ist auch heute noch in manchen Gegenden üblich, neuerdings z. B. auch wieder in besonders schöner Form in Wattens im Tiroler Unterinntal.

Zur gleichen Zeit wird in Oberndorf noch ein weiterer Brauch gepflegt, der früher ebenfalls im Ostalpenraum weit verbreitet war: das Frauentragen, andernorts auch Herbergsuchen genannt. Allabendlich besucht eine Gruppe Mädchen mit einem Madonnenbild – darstellend die Herbergsuche von Maria und Josef – drei bis acht Oberndorfer Familien, singt Adventlieder und betet. Jeweils bei der zuletzt besuchten Familie bleibt das Bild während der Nacht – was besonderen Segen bringen soll – und wird am nächsten Abend dann wieder abgeholt. Auch hierbei wird für wohltätige Zwecke gesammelt. Die Frauenträgerinnen stellen sich selbstlos in den Dienst der Wohlfahrt und kommen für entstehende Kosten persönlich auf.

Kripperlschaun in Tirol. Der hl. Franz von Assisi soll der erste gewesen sein, der 1223 in einer Höhle im Wald von Greccio eine Krippe einrichten ließ, um die Menschwerdung Christi zu veranschaulichen. Damit soll er den Anstoß zum Siegeszug der Weihnachtskrippen und Krippenspiele in der christlichen Welt gegeben haben.

Bevor der Christbaum Ende des vorigen Jahrhunderts in weiten Teilen Europas und Amerikas üblich wurde, und zwar zuletzt bei der bäuerlichen Bevölkerung, war – vor allem in den Alpentälern – die Krippe der Mittelpunkt des Weihnachtsfestes. Im 17. Jahrhundert wurde sie in den Dienst der Gegenreformation gestellt, und aus dieser Zeit stammen auch die wertvollsten und prächtigsten Figuren; Bildhauer schufen berühmte Meisterwerke.

In Österreich findet man die schönsten Krippen in Salzburg, Steiermark, Oberösterreich und vor allem in Tirol. Hier verfügen nicht nur die Kirchen über Krippen, noch eindrucksvoller sind die Hauskrippen berühmter Künstler; mit ihren riesigen Ausmaßen nehmen sie oft die ganze Stube ein. Und auch heute noch sind die Krippenbastler und Krippenschnitzer am Werk, wobei inzwischen sogar verschiedenste Materialien – z. B. Glas und Metall – verarbeitet werden. Krippenvereine veranstalten von Zeit zu Zeit Ausstellungen, die einen Einblick auch in diese moderne Darstellung des Weihnachtsgeschehens verschaffen. Berühmt für ihre Krippen sind z. B. die Orte Zirl, Rum, Götzens und vor allem Thaur bei Innsbruck. Im allgemeinen werden die Hauskrippen am Heiligen Abend aufgestellt und bleiben bis zum 15. Jänner, manchmal bis Maria Lichtmeß, stehen. Vom 26. Dezember an sind nicht nur Freunde und Bekannte, sondern auch Fremde willkommen, die die Krippe bewundern wollen. Ein Schild mit der Aufschrift „Weihnachtskrippe" lädt heutzutage dazu ein. „Kripplschaun" heißt dieser schöne Brauch.

ANHANG

BRAUCHTUMSKALENDER

JANUAR

1. Januar: Neujahrsspielen in Mogersdorf, Bgld.; zwischen Weihnachten und Neujahr zieht die Blasmusik des Ortes von Haus zu Haus und spielt Neujahrslieder.
1. Januar: Neujahrsschnalzen auf der Promenade und Neujahrsblasen vom Landhausturm in Linz (ca. 11 Uhr).

Von Silvester bis Faschingsdienstag: Aperschnalzen in Hötting, einem Stadtteil von Innsbruck.
4. Januar: „Verschreien", Ankündigung der Rauhnachtsänger in Nebelberg im oberen Mühlviertel, Oberösterreich. Am 5. Januar gehen die verschiedensten Berufsgruppen, wie Rauchfangkehrer, Tischler, Schlosser usw. glückwünschend von Haus zu Haus.
5. Januar: Räuchern in ganz Österreich.
5. Januar: »Pethrababa« im unteren Rosental, Kärnten. Eine Figur der Frau Percht beschenkt am Abend die Kinder.
5. Januar: Lauf der Schnabelperchten im Rauristal, Salzburg; siehe Seite 15, **27**.
5. Januar: Pinggalperchten im Zillertal, Tirol. In Mayrhofen, aber auch anderen Orten gehen Kinder und Erwachsene verkleidet und mit schwarz beschmiertem Gesicht von Haus zu Haus, meist aber in Gasthöfe und bringen gute Wünsche fürs neue Jahr an, wofür sie heute meist mit Geld belohnt werden. Früher war dies ein Heischebrauch armer Leute.

5. Januar: Glöcklerlauf in Ebensee, OÖ. Seit neuerer Zeit findet der Glöcklerlauf nicht nur in Ebensee, sondern auch in vielen anderen Orten des Salzkammergutes statt, wie z. B. Bad Aussee, Bad Mitterndorf, Stainach, St. Wolfgang, Bad Ischl, Traunkirchen, Strobl, St. Gilgen; siehe Seite 14, **20/21.**
5. Januar: Sternsingen in Heiligenblut; siehe Seite 13, **18/19.**
5. Januar: Dreikönigsreiten in Bad Ischl.
6. Januar und die Tage vorher: Heilige Drei Könige in ganz Österreich; siehe Seite 13, **17.**
6. Januar: Dreikönigsblasen, Linz, Im Haidgattern (ca. 11 Uhr).
6. Januar: »Larchziehen« in Umhausen, Tirol. Wenn im vorangegangenen Jahr kein Mann aus dem Ort geheiratet hat, wird ein geschmückter Lärchenstamm feierlich durch das Dorf gezogen; das war 1969 das letzte Mal der Fall.
6. Januar: Tanz der Tresterer in Stuhlfelden und Unken im Pinzgau; siehe Seite 14, **22/23.**
6. Januar: Pongauer Spiegelperchten, abwechselnd in St. Johann im Pongau, Altenmarkt, Bischofshofen und Badgastein; siehe Seite 15, **24–27.**
1. Sonntag nach Dreikönig: Winterkirtag, Waldzell, Oberösterreich.
3. Januarwoche: »Vereinigten-Oktav«, Tamsweg, Salzburg. Diese Bruderschaft mit religiösem Charakter wurde 1738 gegründet und ist heute Mittelpunkt des Gesellschaftslebens in Tamsweg. Die verschiedensten Veranstaltungen teils heiterer, teils ernster Note ziehen sich über eine Woche.
22. Januar (Vinzenz): Holzknechtfeier, Klausen-Leopoldsdorf, Niederösterreich. Messe und Feierlichkeiten für die Holzfäller, Pecher, Forstarbeiter und Jäger am Tage des Schutzpatrons der Holzarbeiter.
Ende Januar: Aperschnalzen im Salzburger Land.

FEBRUAR/MÄRZ

1. Februar (Vorabend von Maria Lichtmeß): Kirchleintragen in Eisenkappl, Kärnten; siehe Seite 55, **57.**
1. Februar: Lichtmeßsingen in Würflach, Niederösterreich. Am Abend gehen Männer des Ortes singend von Haus zu Haus.
2. Februar (Lichtmeß): Kerzenweihen in ganz Österreich.
2. und 3. Februar (Blasius): Blasiussegen in ganz Österreich.
3. Februar: Blasiusbrezen in Völs, Tirol; Brezen werden zu Hause oder vom Bäcker gebacken und am Vorabend oder in der Frühmesse gesegnet.
Sonntag vor oder nach dem 5. Februar (Agathentag): Striezelwerfen, Stein im Jauntal, Kärnten; siehe Seite 56, **59.**
14. Februar: Valentinstag; in ganz Österreich verschenkt man Blumen. Der Brauch stammt aus England und hat sich erst nach dem Zweiten Weltkrieg in Österreich eingebürgert. Der Sage nach soll ein Einsiedlermönch namens Valentin Blumen verschenkt haben, um den Menschen Freude zu bereiten.
22. Februar: Bienenamt, Deutschkreutz, Burgenland. Die Bienen werden »formell« geweckt. Bei der Abendmesse (um 18 Uhr) gehen die Imker mit einer brennenden Kerze um den Altar und spenden diese Kerze und Honig der Kirche. Anschließend Generalversammlung der Imker.
22. Februar: Bienenmesse, Neckenmarkt, Burgenland. Die Imker beginnen den Tag mit einem Gottesdienst und gehen anschließend zu den Bienenstöcken. Der 22. Februar galt früher als Frühlingsbeginn.
Sonntage im Fasching: Tiroler Fasnacht:
Schemenlaufen in Imst (etwa jedes 4. Jahr, zuletzt 1984), siehe Seite **34/35,** 49;
Schellerlaufen in Nasserreith (etwa jedes 3. Jahr, zuletzt 1983), siehe Seite **36/37,** 50;
Schleicherlaufen in Telfs (alle 5 Jahre, zuletzt 1985), siehe Seite **44–47,** 53;
Mullerlaufen in Thaur (jedes 3.–5. Jahr, zuletzt 1982), siehe Seite **40–43,** 51.
Sonntag im Fasching: Wampelerreiten, Axams, Tirol; siehe Seite **39,** 51.
Faschingszeit: Stelzentänzer in Unken, Salzburg.
»Unsinniger Donnerstag« (Donnerstag vor Faschingssonntag): Schellenschlagen in Lans, Tirol.
Donnerstag vor dem Faschingssonntag: Ritt in die Mehrerau, Bregenz, Vorarlberg.
Faschingssonntag bis Faschings-

dienstag: Faschingsumzüge in allen Gegenden Österreichs.

Faschingssonntag (alle 5 Jahre, das nächste Mal 1987): »Bärentreiben« und »Schneebauen«, Steuerberg bei Feldkirchen, Kärnten.

Faschingssonntag: Blochziehen, Fiß, Tirol. Jedes vierte Jahr (das nächste Mal 1986) wird am frühen Nachmittag ein geschmückter Baumstamm von Männern in traditionellen Masken durch den Ort gezogen.

Faschingssonntag (jedes zweite Jahr): Schladminger Fasching, Schladming, Steiermark. Umzug mit mindestens 30 Gruppen; Prinzenpaar, Erstürmung des Rathauses; im Jahr dazwischen dreimalige Aufführung von »Varieté, Varieté«.

Faschingssonntag: Fahnenschwingen der Metzger in der Stadt Salzburg (Beginn 8 Uhr bei der Kollegienkirche).

Faschingssonntag bis Faschingsdienstag: Maschkerertanz, Steinfeld im oberen Drautal, Kärnten. Figurenreicher Tanz (auch mit Figuren aus alten Knappentänzen) verschiedenster Gruppen in traditionellen Masken.

Faschingssonntag bis Faschingsdienstag: »Pless«-Tage, Bad Aussee, Steiermark. In Lumpen gekleidete »Pless«, über den Kopf Körbe oder Säcke gestülpt – sie verkörpern die Dämonen des Winters –, wälzen sich im Schnee und springen in Wasserpfützen herum, bis sie von der Jugend vertrieben werden.

Faschingsmontag: Faschingsrennen im oberen Murtal in den Orten St. Georgen ob Murau, St. Peter am Kammersberg, Krakaudorf, Krakauschatten, und Ranten; siehe Seite **32/33,** 49.

Faschingsmontag: Fetzenfasching, in Ebensee, Oberösterreich; am Nachmittag Umzug, am Abend Fetzenball.

Faschingsmontag und Faschingsdienstag: Fasching in Bad Aussee mit Trommelweibern und Flinserln; siehe Seite 16, **28–31.**

Faschingsdienstag: Fleckerlfasching in Obersdorf bei Bad Mitterndorf, Steiermark; siehe Seite 16.

Faschingsdienstag: Blochziehen im Südosten Österreichs, z. B. Bleiburg, Kärnten. Jährlich wird am frühen Nachmittag ein geschmückter Baumstamm durch den Ort gezogen. Hervorgegangen ist dieser Brauch aus einem Phalluskult.

Faschingsdienstag: Burschenamt und Kipfelauswerfen in Neckenmarkt, Burgenland. Nach dem Burschenamt (Messe) werden Kipfel und Süßigkeiten an die Jugend verteilt.

Faschingsdienstag: Rudenkirtag (Kirtag der Burschenschaft), Sierning bei Steyr, Oberösterreich.

Faschingsdienstag, manchmal **Aschermittwoch:** Faschingsbegraben (Faschingsabbrennen) in mehreren Gegenden Österreichs, besonders im Osten, z. B.: Deutsch Kaltenbrunn, Burgenland: Am späten Nachmittag wird ein auf Stroh gebetteter junger Bursch in einer Truhe ins Feuer gelegt und springt schnell heraus. Masken, als Lehrer und Pfarrer verkleidet, halten dabei eine Totenrede. So soll symbolisch der Fasching begraben werden.

Aschermittwoch: Geldbeutelwaschen, Bregenz-Oberstadt, Vorarlberg. Am Abend ziehen die Altstadtbewohner zum Ehregutaplatz und waschen ihre Geldbeutel im Hugo-von-Montfort-Brunnen. Vorher werden dort die jüngsten Schandtaten aus der Stadt verlesen.

Aschermittwoch: »Monte-Carlo-Spiel«, Mondsee, Oberösterreich. Am Abend wird im »Weißen Rößl« ein Glücksspiel (Kartenspiel) mit hohen Einsätzen gespielt.

Aschermittwoch: Heringsschmaus in ganz Österreich.

1. Fastensonntag (Invocavit): Funkenbrennen, Pinswang im Außerfern, Tirol (ähnlich dem Funkenbrennen in Vorarlberg).

1. Fastensonntag : Funkenfeuer in ganz Vorarlberg; siehe Seite **48,** 54.

1. Fastensonntag: Scheibenschlagen, Landeck, Tirol.

MÄRZ/APRIL

Fastenzeit: Fastenkrippen mit Darstellungen der Leidensgeschichte Christi in verschiedenen Kirchen in Tirol (Götzens, Zirl, Thaur, St. Moritzen bei Telfs, Salzburg und Oberösterreich (z. B. Schwanenstadt).

Fastenzeit: Kalvarienbergmarkt bei der Hernalser Pfarrkirche, Wien XVII.

Fastenzeit ab Aschermittwoch: Hungertücher (Fastentücher) in Kärnten: Dom von Gurk; Christkönigskirche, Klagenfurt; Millstatt; St. Stefan am Krappfeld; Baldramsdorf am Lurnfeld u. a.; siehe Seite **62,** 73.

12. März (Gregori) oder auch später (z. B. in Schwaz um Ostern): Grasausläuten im Tiroler Unterinntal. Kleine Buben mit umgebundenen Kuhglokken laufen im Gänsemarsch durch die Felder und wecken mit ihrem Geläute die Natur.

Um den 18. und 19. März: Mittfastenmarkt; Graz, Interkaufparkplatz.

4. Fastensonntag (Lätare): Liebstattsonntag, Gmunden, Oberösterreich. Nach dem Gottesdienst werden in der Stadt Lebkuchenherzen verkauft und auch verschenkt.

Letzter Fastensonntag und Karsamstag: Fastenmarkt am Kalvarienberg in Graz.

Palmsonntag: Palmweihe und teilweise auch Palmprozessionen in allen Gebieten Österreichs. Palmeselprozessionen in Hall in Tirol, in Puch bei Hallein und in Thaur in Tirol; siehe Seite 56, **60/61.**

Palmsonntag: Palmeselprozession in Thomatal im Lungau, Salzburg. Prozession zur Messe, wobei der Ortspfarrer auf einem lebendigen Esel mitreitet; siehe Seite 56.

Ab Gründonnerstag: Bewegliche Osterkrippe am Philippsberg bei Schwanenstadt, Oberösterreich. Am Gründonnerstag wird in der Kalvarienbergkirche die Krippe aufgebaut und bleibt bis Karsamstag stehen.

Gründonnerstag: Zwölf Apostel, Mariazell, Steiermark. Um 18 Uhr im Rahmen des Gottesdienstes feierliche Fußwaschung der 12 Apostel; nach der Messe Brotsegnung im Gasthaus.

Gründonnerstag bis Karsamstag: Osterratschen in verschiedenen Gegenden Österreichs, besonders im Montafon, Vorarlberg, in Osttirol, Kärnten und in Niederösterreich.

Gründonnerstag und Karfreitag: Tafelngehen (Osterratschen) in Pleßnitz bei Kremsbrücke, Kärnten. Die Kinder versammeln sich am Abend auf dem Bergfriedhof. Auf Zeichen des Mesners setzt das Geklapper der Tafeln ein, und die Kinder ziehen um die Kirche und in das Dorf. Anschließend wird in der Kirche der Rosenkranz gebetet.

Gründonnerstag und Karfreitag: Kreuzziehen (Mölltaler Passion), Treßdorf, Kärnten; siehe Seite **63,** 74.

Gründonnerstag und Karfreitag: Leiden-Christi-Singen, in Großarl, Salzburg; im Stil der Nachtwächter sagen die Vorsänger stündlich die Zeit an und erzählen singend vom Leidensweg Christi.

Nacht von Gründonnerstag auf Karfreitag: Antlaßsingen, Traunkirchen, Oberösterreich. Ab 21 Uhr Rundgang durch den Ort, wobei der Vorsänger in der Manier der Nachtwächter die Stunde ansagt. Anschließend wird jeweils die erste Strophe des Antlaßliedes gesungen und dann etwa um 3.30 Uhr früh die 16 Strophen des 24-Stunden-Liedes.

Ab Karfreitag: Heilige Gräber in Tirol. »Heilige Gräber« werden in den Kirchen Tirols seit der Renaissance-, vor allem aber seit der Barockzeit aufgebaut. Besonders schön ist das Grab in der Franziskanerkirche in Schwaz.

Karfreitag: Prozessionen mit dem »Leichnam Christi« in Arzl im Pitztal, in Thaur, und in Nauders, Tirol.
Karsamstag: Weihfeuerholen in Oberdrosen sowie in St. Martin an der Raab, Burgenland. Burschen und Männer laufen am frühen Morgen mit Blechbüchsen und Zunder den Kirchenhügel hinauf. Bei der Kirche sind kleine Feuer – der Priester nimmt die Segnung vor. Die »Weihfeuerträger« eilen dann nach Hause und verteilen die Glut auf Herd und Backofen. In Oberdrosen bringt man die Glut auch auf die Felder.
Osternacht (Nacht von Karsamstag auf Ostersonntag): Osterfeuer in Form von christlichen Symbolen in Südostösterreich.
Osternacht: Heiland- und Herrgottsuchen in den Orten St. Margarethen, Hornstein und Siegendorf, Burgenland. Zwischen 3 Uhr und 5 Uhr in der Früh (je nach Ort unterschiedlich) versammeln sich Frauen vor der Kirche, um in Erinnerung an die Suche nach dem Leichnam Christi zwei Stunden lang singend und betend zu Kapellen, Bildstöcken, Marterln und anderen Plätzen zu wandern.
Osterzeit (vor oder nach Ostern): Widderopferprozessionen in Virgen, Prägraten und Kals, Osttirol, und Ötting bei Oberdrauburg, Kärnten; siehe Seite 75, **64/65.**
Ostern: Österlicher Gräberschmuck in ganz Österreich. Der im ganzen Lande übliche Brauch, die Gräber zu schmücken, ist in Willersdorf bei Oberschützen, Burgenland, besonders bemerkenswert: hier werden zu Ostern aus Kunstblumen halbkugelartige Buketts gebunden und auf die Gräber gelegt.
Ostersonntag: »Maschta-Singen« (Leiden-Christi-Singen) in Mooskirchen und Hitzendorf, Weststeiermark. Die Männer beider Orte und auch von umliegenden Dörfern versammeln sich und ziehen gemeinsam zum Hauptgottesdienst, wobei Passions- und Osterlieder gesungen werden. Es soll dies entweder eine Bußprozession aus der Pestzeit oder aus der Zeit der Gegenreformation sein.
Ostersonntag: Osterwecken, Altenhof, Oberösterreich. Von 5 Uhr früh bis zum Hauptgottesdienst zieht die Musikkapelle durch den Ort und spielt vor jedem Haus ein Ständchen.
Ostersonntag: Speisenweihen, Eiersuchen und Felderbeten in ganz Österreich.
Ostermontag: Schweinshaxenversteigerung auf dem Wolfsberg, Kärnten (zwischen Spittal an der Drau und Seeboden). Nach der 9-Uhr-Messe werden vor der Kirche Schweinshaxen versteigert; der Erlös wird zur Renovierung des Gotteshauses verwendet. Hinter dem Altar holen sich die Bauern gesegnete Erde, die aus dem Pfarrgarten stammt. Diese Erde wird dem Schweinefutter beigegeben und auch auf die Felder verstreut.
Ostermontag: Eierpecken in ganz Österreich.
Weißer Sonntag (1. Sonntag nach Ostern): Erstkommunion in vielen Pfarren Österreichs.
Weißer Sonntag: »Chappeltragen« der Buben bei der Erstkommunion in Höchst, Vorarlberg; siehe Seite **66/67,** 75.
2. Freitag nach Ostern (Dreinagelfreitag): Vierbergelauf in Kärnten. Wallfahrt, beginnend nach der Mitternachtsmesse in der Magdalena-Kirche auf dem Magdalensberg (südöstlich von St. Veit a. d. Glan), etwa 50 km lang über den Ulrichsberg und Veitsberg zur Lorenziberg-Kirche.
Sonntag um den 23. bzw. 24. April (Georgi): Georgiritt in Micheldorf, Oberösterreich. Feierlicher Ritt auf den Georgenberg. (Georgiritte auch in anderen Orten wie z. B. Viechtwang, OÖ, Eugendorf, Sbg.)
23. und 24. April: Georgijagen im oberen Rosental, Kärnten, in den Orten Latschach, Faak, Pogöriach, Ratnitz, Ledenitzen und Ober- und Unteraichwald. Nach Einbruch der Dämmerung wird auf dem »Feuerhügel« ein Holzstoß angezündet. Nach einem gemeinsamen Gebet beginnt von dort ein Umzug mit Lärminstrumenten, was den Winter symbolisch verjagen soll. Dabei werden Gaben geheischt, die dann im Hause des »Anführers« verteilt werden.
25. April (Markustag): Hottergang in Deutschkreutz und Schattendorf, Burgenland. Beim Hottergang werden die Feldgrenzen abgefahren oder abgegangen.
30. April auf 1. Mai: In Girm bei Deutschkreutz, Burgenland werden Maibäumchen bei Bildstöcken und Heiligenstatuen aufgestellt.
Nacht vom 30. April auf 1. Mai: Nachtsingen, Rust, Burgenland. Der Männergesangsverein zieht in der Nacht singend durch den Ort.

MAI/JUNI

1. Mai: Maibaumsetzen in ganz Österreich; siehe Seite 77, **81.**
1. Mai: Austragen der »Gollitzenbäumchen« in Zurndorf, Burgenland. Blühende Zweige der Traubenkirsche werden geschmückt und ab 4 Uhr bzw. 6 Uhr früh von den Schülern ihren Lehrern mit einer Flasche Wein singend überreicht.
1. Mai: »Lampl-Wallfahrt« von Liefering auf den Nonnberg, Salzburg.
Anfang Mai: Florianikirtag, Winden am See, Burgenland; drei Tage andauernder Kirtag zu Ehren des Schutzpatrons der Feuerwehr.
4. Mai (St. Florian): Weihe von Florianikerzen, Stift St. Florian, Oberösterreich. Vor der Messe werden Kerzen geweiht, die als Schutz gegen Unwetter wirksam sein sollen.
1. Sonntag im Mai: Florianikirtag, Zell an der Ybbs, Niederösterreich.
1. Sonntag im Mai: Erster Viehaustrieb in Apetlon, Burgenland, wird zum Volksfest.
1. Sonntag im Mai: Gauderfest, Zell am Ziller, Tirol; siehe Seite 80, **86/87.**
2. Sonntag im Mai: Muttertag.
Ende Mai: Maibaumschneiden mit verschiedenen Bräuchen im Wechsel- und Semmeringgebiet, Niederösterreich (z. B. Puchberg am Schneeberg).
Mai bis Oktober (alle 5 Jahre, 1985, 1990): Passionsspiele in Kirchschlag in der Buckligen Welt, Niederösterreich.
Christi Himmelfahrt: Weinbergweihe in Deutschkreutz, Burgenland. Nach der Frühmesse Prozession in die Weinberge.
Pfingsten: Firmung, Stephansdom, Wien.
Pfingstsonntag: Einladung zum Kranzelreiten, Weitensfeld im Gurktal, Kärnten.
Pfingstmontag: Kranzelreiten in Weitensfeld.
Pfingstmontag: Kufenstechen im Gailtal, Kärnten; siehe Seite 77, **82/83.**
Pfingstmontag: Umzug des Pfingstkönigs, Patzmannsdorf und Arbesthal, Niederösterreich; siehe Seite 79, **84/85.**
Dreifaltigkeitssonntag (1. Sonntag nach Pfingsten): Prangstangen, Pfarrwerfen und Werfenweng, Salzburg. Die Prozessionen am Dreifaltigkeitstag sind in diesen Orten noch feierlicher als zu Fronleichnam.
Dreifaltigkeitssonntag: Laubhüttenfest mit Reiftanz, Hüttenberg, Kärnten; siehe Seite **104/105,** 113.
Fronleichnam: Prozessionen in ganz Österreich.
Fronleichnam: Blumenteppiche in Deutschlandsberg, Steiermark; siehe Seite **68/69,** 75.
Fronleichnam: Seeprozession in Hallstatt und Traunkirchen, Oberösterreich; siehe Seite **70/71,** 75.
Fronleichnam: Himmelbrotschutzen auf der Salzach bei Oberndorf, Salzburg.
Fronleichnam: Antlaßritt im Brixental, Tirol (Brixen im Thale, Kirchberg, Westendorf); siehe Seite **72,** 76.

Samstag und Sonntag nach Fronleichnam: Samson-Umzug in Tamsweg Salzburg; siehe Seite 114.
Sonntag nach Fronleichnam: Fahnenschwingen, Neckenmarkt, Burgenland; siehe Seite 100, **101.**
Samstag nach dem Herz-Jesu-Fest (=2. Freitag nach Fronleichnam): Herz-Jesu-Feuer in Tirol; siehe Seite 80.
Herz-Jesu-Sonntag: Pestkerzenprozession, St. Benedikten bei Knittelfeld, Steiermark.
21. und 24. Juni (bzw. das näherliegende Wochenende): Sonnwend- oder Johannisfeuer in ganz Österreich; siehe Seite 80, **88.**
24. Juni (Johanni): Prozession mit Prangstangen, Zederhaus im Lungau, Salzburg; siehe Seite 89.
28. Juni (Vortag von Peter und Paul): Tauernwallfahrt von Fusch (Pinzgau) über die Hohen Tauern nach Heiligenblut. Die Wallfahrt beginnt um 6 Uhr früh und dauert ca. 11 Stunden.

Um den 29. Juni (Peter und Paul): Umzug der Schützengarde und Fahnenschwingen in St. Peter am Kammersberg, Steiermark.
29. Juni (Peter und Paul): Peterlfeuer in Ober- und Niederösterreich; siehe Seite 80.
29. Juni: Prangstangentragen und Samson-Umzug, Muhr, Salzburg; siehe Seite 89, **94, 107,** 114.
Letzte Juniwoche: Gassatengehen (Türkenpfeifer), Waidhofen an der Ybbs, Niederösterreich.
27. Juni: Hemmafeier in Gurk, Kärnten.
29. Juni oder darauffolgender Sonntag: Hemmamarkt, Gurk, Kärnten.

Letzter Sonntag im Juni: Preisringen beim Alpengasthof Hochrindl, Kärnten.

JULI

Sonntag nach dem 29. Juni: Ringen auf der Gerlitzen (oberhalb des Ossiacher Sees), Kärnten.
Anfang Juli: Alle drei Jahre (zum Schulschluß) an einem Freitag im Juli (das nächste Mal 1986): Wallfahrt von Judenburg nach Maria Waitschach, Steiermark.
1. Sonntag im Juli: Isidorprozession, Untermieming, Tirol; siehe Seite **97,** 99.
1. Sonntag im Juli: Prangtage in Hüttau, Bischofshofen, Mühlbach a. H. und Werfenweng, Salzburg.

25. Juli: Jakobi-Ranggeln am Hundstein bei Zell am See (organisiert von Maria Alm).
Samstag und Sonntag vor oder nach dem 25. Juli: Samson-Umzüge in Tamsweg, St. Michael und Mauterndorf, Salzburg; siehe Seite 114.
Um den 26. Juli: Annamarkt in Graz-Gösting, Schloßplatz.
Sonntag nach dem 25. Juli (Jakobi:) Tanz der Jakobischützen in St. Jakob am Thurn, siehe Seite 100, **102/103.**
Sonntag um den 26. Juli: Christophorusprozession in Pusterwald, Steiermark.
Sonntag nach dem 27. Juli: Berthold-Prozession in Garsten, Oberösterreich.

AUGUST

Um den 1. und 2. August: Portiunkulamarkt, Graz, Interkaufparkplatz.
1. Samstag im August: Villacher Kirtag, Kärnten.
1. Sonntag im August: Oswaldifest und Samson-Umzug in Krakaudorf, Steiermark; siehe Seite **106,** 114.
12. August (oder, falls dies ein Sonntag ist, am darauffolgenden Wochentag): Klara-Markt in Köflach-Stubalpe, Steiermark.
15. August (Maria Himmelfahrt, »Hoher Frauentag«): Prozessionen in verschiedenen Orten Österreichs.
15. August: Prangtag, Mühlbach am Hochkönig, Salzburg.
15. August: Ringen auf der großen Wiese bei St. Lorenzen ob Ebene Reichenau, Kärnten.
15. August: Samson-Umzug, Murau, Steiermark; siehe Seite 114.
15. August: Prozession zur »Maria im Stein« am Steinpaß, Steiermark. Unter Begleitung des Abtes vom Stift Admont wirken folgende Pfarren mit: St. Martin am Grimming, Öblarn, Irdning, Klein-Sölk, Gröbming, Haus im Ennstal, Stein an der Enns, Schladming, Bad Mitterndorf.
15. August: Schiffsprozession auf dem Wörther See, Route: Klagenfurt–Krumpendorf – Pörtschach – Velden – Maria Wörth – Klagenfurt. Beginn 19.45 Uhr.
15. August: Blumen- und Kräuterweihe, besonders in Westösterreich, z. B. in Lofer und Umgebung; siehe Seite **98,** 99.
15. August: Seitelpfeifer im Salzkammergut. Das »Treffen der Seitelpfeifer« findet jeweils auf einer anderen Alm im Salzkammergut statt. Die Initiative zu diesem Fest ging von Bad Ischl aus.
Mitte August: Schifferstechen auf der Salzach, Oberndorf, Salzburg. Das Schifferstechen findet jährlich statt, ausgenommen die Jahre, in welchen die Piratenschlacht in Szene geht.
Mitte August (alle 5 Jahre): Piratenschlacht, Oberndorf, Salzburg; siehe Seite **112,** 116.
Sonntag nach dem 19. August: Sebaldifest, Gaflenz, Oberösterreich.
Wochenende vor oder nach dem 24. August: Wallfahrt von Maria Alm, Salzburg, über das Steinerne Meer nach St. Bartholomä am Königssee (zwei Tage lang).
Sonntag vor oder nach dem 24. August (Bartholomäus): Bartholomäusfest mit Prozession in Ranten, Steiermark.
Sonntag nach dem 28. August (Augustinus): Augustini-Kirtag mit Prozession in St. Johann am Steinfeld, Niederösterreich.
Zweite Augusthälfte: Neustifter Kirtag und Winzerumzug mit Hauerkrone, Wien XIX.
An einem Sonntag Ende August-Anfang September: Ringkämpfe am Wachsenberg, Gemeinde Steuerberg, Kärnten.

SEPTEMBER

Um den 1. und 2. September: Ägidimarkt, Graz, Interkaufparkplatz.
Sonntag nach dem 1. September: Wiesenmarkt mit Freyungaustragen in Bleiburg, Kärnten.
Sonntag nach dem 8. September (Maria Geburt): , Schafsuchertag, Obertraun, Oberösterreich.
Sonntag nach dem 14. September (Notburga): Notburgaprozession in Eben am Achensee, Tirol; siehe Seite 90, **96.**
15. September: Alpabzug (Almabtrieb), Schwarzenberg, Vorarlberg; siehe Seite 117, **122/123.**
Mitte September: Alpabfahrt in Egg und Hohenems, Vorarlberg.
3. Sonntag im September: Rosalienkirtag auf dem Hemmaberg, Gemeinde Globasnitz, Kärnten.
Sonntag um den 29. September (Michaeli): Wiesenmarkt, St. Veit an der Glan, Kärnten; siehe Seite **108/109,** 115.
4. Sonntag im September: Erntedankfest, Maria Luggau, Kärnten.
Letzter Sonntag im September (Termin witterungsbedingt veränderlich): Schafsuchertag, Bad Goisern (Hütteneck), Oberösterreich.

SEPTEMBER/OKTOBER

Mitte September bis Mitte Oktober: Almabtriebe in ganz Österreich; siehe Seite 117, **121.**
Ende September, Anfang Oktober: Eustachiusmesse, Wildalpen, Steiermark.
Sonntag vor dem 4. Oktober (Franz von Assisi): Tiersegnung vor der Karlskirche, Wien.

OKTOBER

1. Sonntag im Oktober: Erntedankfeste in den verschiedensten Orten z. B. in Spitz an der Donau, Niederösterreich; siehe Seite 118, **124/125.**
1. Sonntag im Oktober: Erntedankfest, Währing, Wien VIII.
2. Samstag, Sonntag und Montag im Oktober: Maxlanmarkt, Niederwölz, Steiermark.
2. oder 3. Samstag im Oktober: Erntedankfest mit Prangstangentragen, Mühlbach a. H., Salzburg; siehe Seite **95.**
2. Sonntag im Oktober: Schützenmahl, Lasern/Bad Goisern, Oberösterreich.
Oktober nach der Weinlese: Winzerumzüge in den Weingebieten Österreichs.
31. Oktober bis 2. November: Allerheiligenmarkt, Graz (auf den Vorplätzen und in Straßenteilen vor den Friedhöfen).

NOVEMBER

1. und 2. November (Allerheiligen und Allerseelen): Gräberschmuck und Totenfeiern in allen Gegenden Österreichs.
1. November: Turmblasen zu Ehren der Verstorbenen, Freistadt, Oberösterreich.
1. November: Kranzversenken in St. Nikola, Oberösterreich. Eine Prozession führt von der Kirche auf den Friedhof, zum Kriegerdenkmal und zum Donauufer. Zwei Männer fahren mit einem Boot auf die Donau und versenken einen Kranz zum Gedenken an die Ertrunkenen.
1. November: Heiligenstriezelwünschen in den Orten Oggau, Girm (Deutschkreutz) und Langeck bei Lokkenhaus, Burgenland.
1. und 2. November: Krapfenschnappen im Pustertal, Osttirol, vor allem in der Gegend von Lienz, z. B. in Patriasdorf und Dölsach.
1. und 2. November: Armenseelenausläuten, Neumarkt im Tauchental, Burgenland. Erstes Läuten am Abend von Allerheiligen. Am Allerseelentag beginnen die Buben in aller Früh mit dem »Ausläuten«.
2. November: Beginn der »Seelenwoche« in Ebensee, Oberösterreich. Eine Woche lang wird zur Mittagszeit auf dem Friedhof der Rosenkranz gebetet.
Sonntag um Leonhardi (6. November): Hütereinzug mit Hauerkrone in Perchtoldsdorf, Niederösterreich; siehe Seite 119, **128/129.**
6. November: Leonhardikirtag, Piesting und St. Leonhard a. Wald, Niederösterreich.
Nächstliegender Sonntag zum 6. November: Leonhardiritte in ganz Österreich, z. B. Weißenkirchen im Attergau, Oberösterreich; Neukirchen an der Vöckla, Oberösterreich; Pettenbach, Oberösterreich; Irrsdorf, Salzburg; Kundl, Tirol. Der hl. Leonhard gilt als Schutzpatron des Viehs.
10. November (Vorabend von Martini): Kasmandlfahren im Lungau, Salzburg, z. B. in Tamsweg.
10. November: Wolfablassen, Klaffer, Oberösterreich. Kinder ziehen mit Lärminstrumenten durch das Dorf, um symbolisch die Wölfe zu vertreiben.
Um den 11. November (Martini): Martiniloben (Weintaufe) in verschiedenen Orten Niederösterreichs und des Burgenlandes, so in Herzogenburg, Langenlois und Oggau, ebenso in St. Martin am Grimming in der Steiermark.
11. November: Martinikirtag im Burgenland in verschiedenen Orten, z. B. Unterbildein, Markt St. Martin und Gerersdorf.
11. November: Ganslessen im Burgenland; siehe Seite 119.
11. November: Lichterumzüge der Kinder in verschiedenen Gegenden Österreichs.
11. November: Martinsritt, Bregenz (Oberstadt), Vorarlberg; siehe Seite 119, **130/131.**
14. November (Vorabend von Leopoldi): Leopoldiblasen in Ebensee, Oberösterreich. Sechs Männer blasen Volksweisen zu Ehren aller Ebenseer namens Leopold.
15. November (Leopoldi): Kirtag und Faßlrutschen in Klosterneuburg, Niederösterreich, zu Ehren des Landespatrons, des hl. Leopold.
Um den 30. November: Andrämarkt, Graz, Interkaufparkplatz.

DEZEMBER

4. Dezember (Barbara, Schutzpatronin der Bergleute): Barbarafeiern in Bergbaugebieten Österreichs, z. B. in Voitsberg, Fohnsdorf, Köflach, Eisenerz, Steiermark; Hohenems, Vorarlberg; »Radschlagen« in Knappenberg, Kärnten; »Ledersprungfeiern« in Leoben, Steiermark.
4. Dezember: »Barbarazweige« (Kirschzweige) werden eingewässert. Zu Weihnachten sollten sie blühen.
4., 5. und 6. Dezember (Nikolaus): Klaubaufgehen in Osttirol. Besonders berühmt in Matrei in Osttirol; siehe Seite 133, **136/137.**
5. und 6. Dezember: Nikolausumzüge in vielen Orten des Landes, z. B: Nikoloeinzug in Innsbruck (5. Dez.); »Midlao-Umzug« in St. Roman, Oberösterreich (5. Dez.); Krampus- und Nikolausumzug in Windischgarsten, Oberösterreich (5. Dez.), alle 3 Jahre (das nächstemal 1986);
Nikolospiel in Bad Mitterndorf, Steiermark (5. Dez.); siehe Seite 134, **138/139.**
Bartellauf, Oberdrauburg (5. und 6. Dez.; nur alle paar Jahre).
Nikolofrau, Vorderstoder, Oberösterreich (5. und 6. Dez.).
Nikolospiel in Abständen von ca. 7 Jahren (das nächstemal 1990) in Reith bei Brixlegg, Tirol.
6. Dezember und die Tage davor: Perchtenspringen im Unterinntal, Tirol; z. B. in Breitenbach, Unterangerberg; siehe Seite 133, **135.**
Advent: Christkindlmärkte in vielen Städten Österreichs; z. B. Wien I, am Rathausplatz, von Ende November bis 24. Dezember; Grazer Weihnachtsmarkt in der Volksgartenstraße vom 30. November bis 24. Dezember.
Advent: Adventsingen in den verschiedensten Gegenden Österreichs. (Adventsingen in Salzburg von Freitag vor dem 1. Adventsonntag bis Mitte Dezember.)
Advent: Herbergsuchen, St. Anton am Arlberg, Tirol.
Advent: Anglöckler oder Adventsänger, Oberndorf, Salzburg; siehe Seite **141,** 143.
Advent: Anklöpfeln im Tiroler Unterinntal; z. B. in Wattens.
Advent: Krippenspiele in Traismauer, Niederösterreich.
Advent: Krippenspiele in Zirl, Tirol.
Advent: Frauentragen in Oberndorf, Salzburg; siehe Seite **140,** 143.
Zwei Samstage im Advent (etwa alle 10 Jahre, zuletzt 1980): Anklöpfeln, Stans, Tirol.
1. Adventsonntag: Adventkranzweihe in ganz Österreich.
1. Adventsonntag bis Maria Lichtmeß: Steyrer Kripperl, Steyr, Oberösterreich. Vom 1. Adventsonntag bis etwa Maria Lichtmeß finden jeweils Samstag und Sonntag Krippenaufführungen, genannt »Steyrer Kripperl«, statt.
Erste drei Donnerstage im Advent: »Klöckeln« in den Orten Arriach, St. Peter um Radenthein, Kärnten. Burschen des Ortes pochen an die Haustüren und singen Vierzeiler.

2. Donnerstag im Advent: »Wildes Gjaid« (Wilde Jagd). 12 Unholde führen beim nächtlichen Umzug am Fuße des Untersbergs in Salzburg Springtänze auf.
12. Dezember (Vorabend von Luzia): Luzelbrauch, Oberwart und Unterwart, Burgenland; siehe Seite 120, **132.**

4. Adventsonntag: Christkindleinzug, Innsbruck, Tirol.
21. Dezember (Thomas): Umzug des »Thomasniklo«, Gams bei Hieflau, Steiermark.
24. Dezember (Heiliger Abend/Heilige Nacht): In ganz Österreich werden Christbäume aufgestellt, die Heilige Nacht feierlich mit dem Besuch der Christmette, Räuchern, Turmblasen begangen.
24. Dezember: Christkindl- und Mettenschießen im Salzburger Land.
Weihnachten: Krippenspiel, Bad Ischl, Oberösterreich; seit 1864, jedes vierte Jahr, das nächste Mal 1987/88.
Vom Heiligen Abend bis Maria Lichtmeß (2. Februar): »Krippenschauen« in Kirchen und Privathäusern, vorwiegend in Oberösterreich, Salzburg und Tirol. Z. B. im Linzer Dom, in Privathäusern von Bad Ischl, Ebensee, Hallstatt und in den Orten in und um Innsbruck, wie Thaur und Götzens. Die Krippen bleiben entweder bis zum Dreikönigstag, bis Romedius (15. Jänner) oder bis Maria Lichtmeß stehen; siehe Seite **142**, 144.
26. Dezember (Stefani): Stefaniritt, St. Stefan im Lavanttal. Nach dem Gottesdienst reiten die Teilnehmer um die Kirche. Anschließend werden die Pferde gesegnet.
26. Dezember: Zunftladenübergabe, Stoob, Burgenland. Die Zunftlade der Töpfer, in der die Namensverzeichnisse der Meister, Statuten, Gesellenbriefe u. a. aufbewahrt werden, wird vom »Altvater« an den »Neuvater« übergeben.
27. und 28. Dezember (Tag der »Unschuldigen Kinder«): »Frisch- und Gsundschlagen« in mehreren Ortschaften in Kärnten, der Steiermark, im Burgenland und im Lungau. Kinder ziehen mit Ruten durch die Straßen und »schlagen« die Erwachsenen.
31. Dezember (Silvester): Silvesterfeiern in ganz Österreich mit Feuerwerk, Rauhnachtschießen, Glücksorakel (Bleigießen).
31. Dezember: Prangschützen kündigen im Flachgau, Tennengau und der Stadt Salzburg am Nachmittag des 31. Dezembers mit Salven aus ihren Prangstutzen das neue Jahr an.

SACHWORT- UND NAMENSREGISTER

ORTSREGISTER

Bei dieser Skizze von Österreich
sind besonders die im Bildteil
gezeigten Schauplätze berücksichtigt.

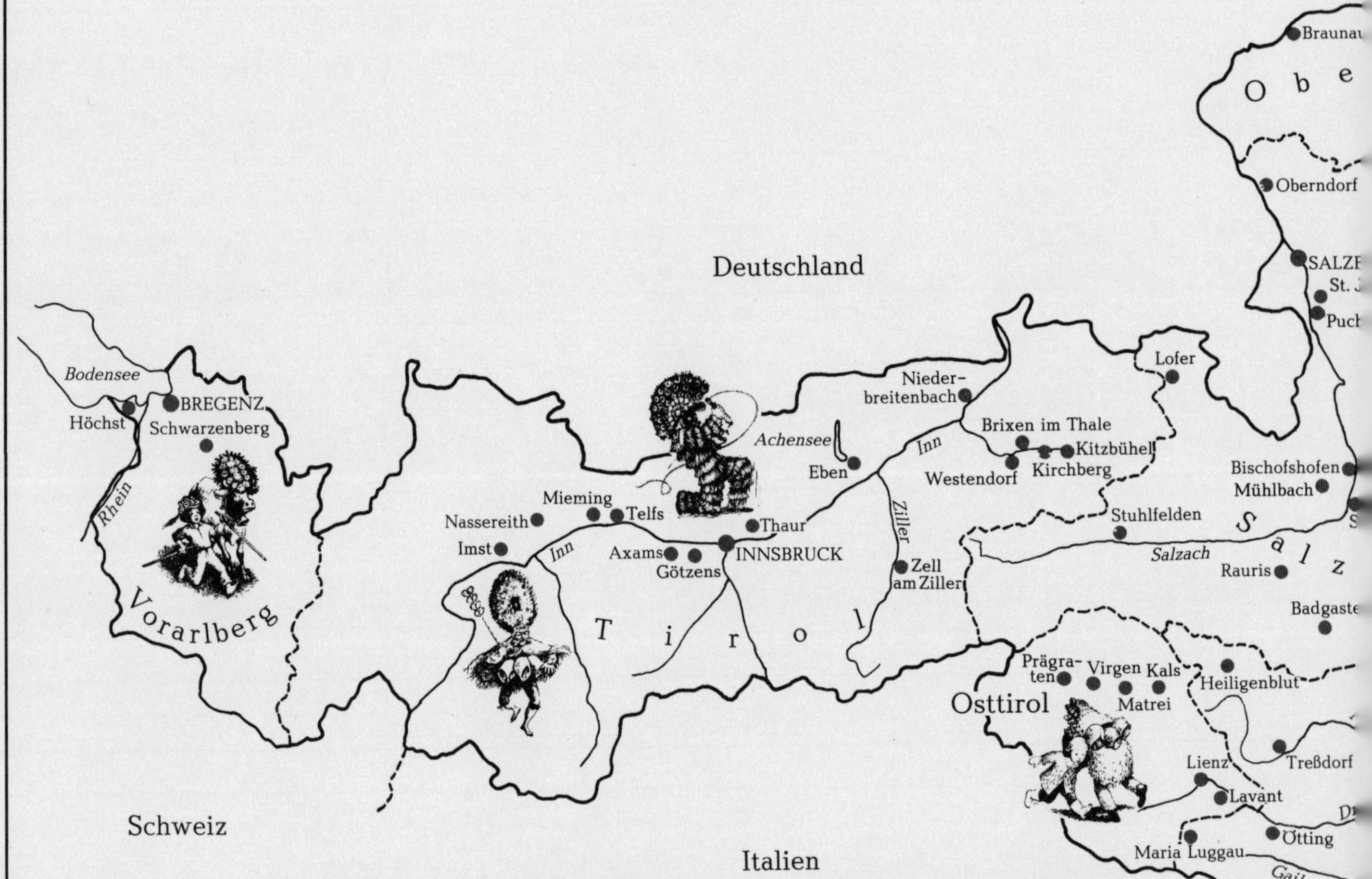

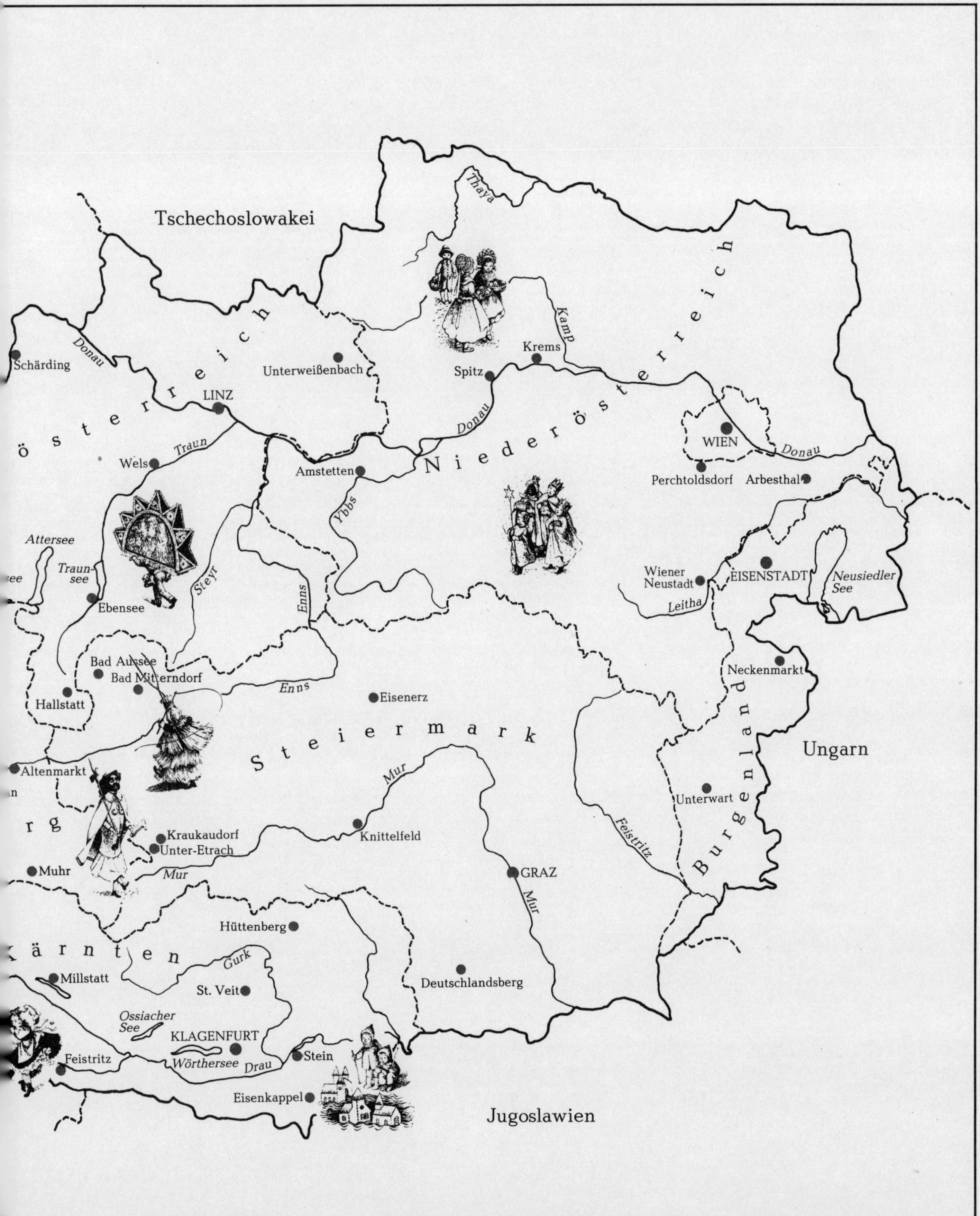
Tschechoslowakei
Österreich
Niederösterreich
Steiermark
Kärnten
Burgenland
Ungarn
Jugoslawien
Schärding
Donau
Unterweißenbach
LINZ
Traun
Wels
Attersee
Traunsee
Ebensee
Steyr
Enns
Amstetten
Ybbs
Thaya
Kamp
Krems
Spitz
WIEN
Perchtoldsdorf
Arbesthal
Wiener Neustadt
Leitha
EISENSTADT
Neusiedler See
Bad Aussee
Bad Mitterndorf
Hallstatt
Eisenerz
Neckenmarkt
Altenmarkt
Mur
Knittelfeld
Kraukaudorf
Unter-Etrach
Muhr
Unterwart
Feistritz
GRAZ
Hüttenberg
Gurk
Millstatt
St. Veit
Deutschlandsberg
Ossiacher See
KLAGENFURT
Wörthersee
Drau
Stein
Eisenkappel

Die Festbeschreibungen wurden nach schriftlichen, telefonischen und persönlichen Recherchen von der Redaktion des Pinguin-Verlages unter fachlicher Beratung und Mithilfe von Dr. Werner Schneider zusammengestellt.

Für Unterstützung und wertvolle Auskünfte danken Autor und Verlag vor allem folgenden Mitarbeitern und Institutionen: Amoser, Eduard, Matrei, Osttirol; Auer, Hans, Dr., Innsbruck; Borger, Otto, Schruns; Faistauer, Max, St. Martin b. Lofer; Fremdenverkehrsverein Eisenkappel-Vellach; Galambos, Irenäus P., Dr., Unterwart; Gemeindeamt Nekkenmarkt; Golger, Franz, Treßdorf; Hager, Franz, St. Jakob am Thurn; Hechl, Barbara, Zell a. Ziller; Heimatmuseum Oberndorf; Held, Josef, Höchst; Kandler, Erich, Muhr; Kathrein, Alois, Mieming; Lämmermeyer, Herbert, Oberndorf; Leiler, Irmgard, Feistritz; Lingenhöle, Dr. Walter, Bregenz; Mitterwenger-Fessl, Dr., Perchtoldsdorf; Neumeier, Maria, Oberndorf; Patjens, Diethart, Wien; Pfarramt, kath., Hallstatt; Reininger, Karl, Ebensee; Sabetzer, Erich, Deutschlandsberg; Schratter, Rudolf, Hüttenberg; Stadler, Franz, Bad Aussee; Stadtgemeinde St. Veit a. d. Glan; Steinhart, Wenzel, Krakaudorf; Strick, Franz, Bad Mitterndorf; Strobl, Hans, St. Johann i. Pg.

Fotonachweis: Wilfried Falb 132; Richard Frischauf 142; Gabriel Gaßner 88; Erik Pflanzer 17, 21 r. o., 23, 28 l. o., 37 l. u., 38/39, 40, 47 r. o., 57, 60 l., 62, 64, 68/69, 70 l. o., 82/83, 92 r. u., 95 r., 96 l. u., 121, 130/131; alle restlichen Aufnahmen: Hella Pflanzer.
Alle Bilder wurden mit Leica R4- und R3-Kameras auf Kodachrome- und Ektachrome-Filmen aufgenommen.

Druck- und Bindearbeiten: Carl Ueberreuter, Wien
Farbreproduktionen: Ifolith, Fotolitho, Innsbruck
Printed in Austria
ISBN 3-7016-2213-2